Kerstin Plehwe
mit Maik Bohne
Von der Botschaft zur Bewegung

Von der Botschaft zur Bewegung

Die 10 Erfolgsstrategien des Barack Obama

Hanseatic Lighthouse

Kerstin Plehwe

Von der Botschaft zur Bewegung

Die 10 Erfolgsstrategien des Barack Obama

ISBN 978-3-9812629-0-2

Hanseatic Lighthouse

Die Deutsche Bibliothek-CIP-Einheitsaufnahme
Ein Titelsatz für diese Publikation ist bei der Deutschen
Bibliothek erhältlich.

1. Auflage, Oktober 2008
© Copyright by Hanseatic Lighthouse GmbH & Co. KG,
Hamburg

Druck: Print + Media, Dänschenburg
Umschlagsgestaltung: Kathrin Kuhfß, Wedemark

Printed in Germany

Ihre Meinung zu diesem Buch ist uns wichtig.
Schreiben Sie an info@hanseaticlighthouse.de

*Für alle, die bereit sind, immer wieder über den
eigenen Tellerrand hinauszublicken, aus anderen
Branchen zu lernen und dabei nie vergessen,
dass der Schlüssel zum Erfolg nicht nur im Lernen,
sondern vor allem in der Umsetzung
des Erlernten liegt.*

Inhalt

Vorwort

Die Kommunikation in Politik und Wirtschaft wird von vielen Menschen als sehr unterschiedlich empfunden, obwohl beiden dieselben Instrumente zur Verfügung stehen: PR, klassische Werbung per TV, Anzeigen und Co., Direktwerbung und natürlich die persönlichste und stärkste aller Werbeformen, das persönliche Gespräch am *point of sale*, dem Infostand, an der Haustür, oder wo auch immer sich Menschen persönlich begegnen.

Die meisten Menschen stehen politischer Werbung deutlich skeptischer gegenüber als kommerzieller Werbung. Das ist in den USA ähnlich wie in England, Frankreich, Österreich oder Deutschland. Was Deutschland aber maßgeblich von den USA unterscheidet, ist der Einsatz, das Design und der Inhalt der Instrumente in der politischen Kommunikation. Das ist der politischen Kultur in den USA, der dort noch stärker fragmentierten Medienlandschaft und schließlich dem unterschiedlichen politischen System selbst geschuldet. Dennoch haben politische Kampagnen in den USA schon immer als Trendsetter und Ideengeber für europäische Werbung und Kommunikation im politischen, zunehmend auch im kommerziellen Bereich, gegolten.

Die Gründe dafür liegen auf der Hand: Es gibt weltweit kaum eine Kommunikationssituation, die komplexer und vielschichtiger ist als die Kampagne um das Weiße Haus. Allein die schiere Kostenintensität des Wahlkampfes – 2008 wird mehr als eine Milliarde Euro dafür ausgegeben – stellt eine besondere Herausforderung für Kommunikationsprofis dar, die ihren Kunden übrigens in großer und extrem spezialisierter Form in den USA zur Verfügung stehen. Es gibt eine nahezu unüberschaubare Zahl von Meinungsforschern, Medienberatern, Direct-Mail-Consultants, Fundraisern, Basiswahlkampf- und Internetspezialisten, die um die Gunst ihrer Kunden werben. Die Konsequenz: Ein erstaunlicher Innovationsreichtum, von dem Kunden und Beobachter weltweit profitieren.

Die enormen Budgets und die langen Kampagnenzeiträume stellen besondere Anforderungen an die Kandidaten und ihre Teams, denn Präsidentschaftskampagnen beginnen lange bevor der normale Bürger davon multimedial eingefangen wird. Sie erstrecken sich in der Regel über einen Zeitraum von zwei bis drei Jahren und bedürfen eines langen planerischen Vorlaufs. Kandidaten müssen sich zunächst Schritt für Schritt Kontakte zur Presse, zu einflussreichen Politikern und Geldgebern aufbauen. Sie müssen die politische Landschaft sehr detailliert sondieren, die besten Berater früh verpflichten. Der offizielle Start der Kampagne liegt weit vor der eigentlichen Präsidentenwahl, weil vor dem Hauptwahlkampf noch der zermürbende und kostenintensive Prozess der Vorwahlen im eigenen Lager auf dem Programm steht. Dieser fordert die Kandidaten und ihre Teams aufs Äußerste, vor allem wenn er so lange dauert wie dieses Jahr zwischen Hillary Clinton und Barack Obama.

Alles in allem stellt die Organisation und Kommunikation in solchen Kampagnen höchste Anforderungen an alle Beteiligten. Viele internationale Organisationen – z. B. aus Südafrika, Norwegen oder Thailand – aber auch alle deutschen Parteien und politischen Stiftungen senden ihre Beobachter nicht umsonst in das Land der unbegrenzten Möglichkeiten, um die neuesten Trends aufzunehmen und für die Heimat nutzbar zu machen. Seit einiger Zeit betrifft dies auch die Wirtschaft. Auch sie kann von US-Wahlkampftechniken eine Menge lernen.

Im Jahr 2008 übertraf das ausländische Interesse von Wirtschaft und Medien, aber auch von politischer Seite – egal welcher Couleur – alle vorherigen Maßstäbe. Und das hatte einen Grund. Sein Name ist Barack Obama. Der 47-jährige hat in seinem grandiosen und letztlich erfolgreichen 17-monatigen Kampf um die Nominierung als Präsidentschaftskandidat der Demokraten nicht nur bewiesen, dass bisherige Wahlkampftechniken und -strategien einer Überholung bedürfen, sondern auch, dass mit den richtigen Botschaften, Instrumenten und Strategien alte Machtgefüge und Erfolgsregeln außer Kraft gesetzt werden können und ein Nobody innerhalb von kurzer Zeit zum Superstar werden kann.

Und das ist er geworden, Barack Hussein Obama, Sohn eines Kenianers und einer Amerikanerin, aufgewachsen in der Multikultigesellschaft Hawaiis, geprägt von seiner Zeit als Sozialarbeiter und Harvard-Student, politisch zu Hause in der agilen US-Metropole Chicago.

Für dieses Buch und die Identifikation der 10 Obama-Strategien spielt es letztendlich eine untergeordnete Rolle, ob er auch das finale Rennen um das Weiße Haus im November 2008 gewinnen wird. Barack Obama hat sich selbst, seiner Familie, seiner Partei und der ganzen Welt bewiesen, dass er etwas geschafft hat, was noch vor einem Jahr kaum jemand - vielleicht nicht einmal er selbst - für möglich gehalten hat.

Er drängte die politisch versierte, bestens vernetzte und finanziell gut aufgestellte Top-Kandidatin der Partei, Hillary Rodham Clinton, aus dem Rennen um die von ihr und aller Welt sicher geglaubte Nominierung. Gleichzeitig führte er den Augen der Weltöffentlichkeit einen neuen Politik- und Kampagnenstil vor, der seinen Kern in genau dem Wort hat, das die gesamte Kampagne von Barack Obama dominiert: Change – Veränderung.

Ob er Präsident wird oder auch nicht, der junge Senator aus Illinois hat alle bisherigen politischen und kommunikativen Regeln und Messzahlen für Erfolg ausgehebelt oder übertroffen. Er hat es geschafft, mehr Menschen zu motivieren und mehr Geld zu generieren als jemals jemand zuvor. Barack Obama ist es gelungen, aus einer eigentlich einfachen Botschaft eine Bewegung von mehr als acht Millionen Menschen zu machen, die begeistert, loyal und hoch engagiert für ihn und seinen Wunsch für Amerika, den Wandel, tagtäglich aktiv werden.

Im vorliegenden Buch geht es um das Herauskristallisieren der Strategien und Instrumente seines erstaunlichen und ungeahnten Erfolges, der in seiner Nominierung auf dem Parteitag in Denver im August 2008 gipfelte. Und das nicht nur zu Zwecken des intellektuellen Verstehens und Nachvollziehens eines US-Wahlphänomens, sondern als spannende Information, Inspiration und Motivation für Entscheider in Politik und Wirtschaft am Standort Deutschland.

Denn auch die Topmanager und Politiker, davon sind die Autoren des Buches überzeugt, können mit den Strategien des Barack Obama ihre eigenen Botschaften deutlich optimieren und in Zukunft bessere, loyalere und emotionalere Beziehungen zu ihren Kunden und Wählern haben. Und die sind letztlich die Grundlage langfristiger wirtschaftlicher wie politischer Erfolge.

Kerstin Plehwe
Maik Bohne

Berlin, im Oktober 2008

I. Barack Obama – Aufstieg eines idealistischen Außenseiters

Barack Obama ist gleichermaßen Phänomen wie Vorbild, Erfolgsgeschichte wie Mysterium. Sein Aufstieg vom Underdog zum Politstar, vom schwarzen Kind aus Hawaiis Mittelschicht zum Präsidentschaftskandidaten seiner Partei, vom Sozialarbeiter in Chicago zum möglichen Präsidenten der USA fasziniert viele Menschen. Vielleicht ist die Geschichte des Barack Obama auch deshalb so faszinierend, weil viele diese Geschichte miterlebt haben, sie glauben konnten, sich sogar an ihr beteiligen konnten. Im Kern ist diese Geschichte die des amerikanischen Traums. Die des Tellerwäschers und des Millionärs, die des Sozialarbeiters und Präsidenten. Aber sie ist auch eine globale Geschichte, denn Erfolg wird überall als Erfolg anerkannt und der Traum davon, dass man alles erreichen kann, was man nur wirklich will, wird von vielen Menschen auf der ganzen Welt geträumt.

Das vorliegende Kapitel will Ihnen den Menschen und Hintergrund der Hauptperson dieser aktuellen Erfolgsgeschichte der US-Politik näherbringen. Und sie beginnt mit all dem, was es bisher in der politischen Führungselite der USA nicht gegeben hatte: Ein ungewöhnlicher Name, die fehlende Abstammung aus einer „politischen Dynastie" à la Clinton, Kennedy oder Bush, ein Lebensweg in verschiedenen Kulturen sowie eine Hautfarbe, die in den amerikanischen Führungsetagen auch heute noch selten zu finden ist. Barack Hussein Obama ist in nahezu jeder Beziehung anders als andere Politiker und gerade das half ihm, denn er wirkte neu, spannend und anders.

Kaum ein Politiker in den USA besitzt einen so diversen und interessanten Lebenshintergrund wie Barack Obama. Immer wieder war er ein Wanderer zwischen unterschiedlichen Lebenswelten und immer wieder musste er sich als Außenseiter in eine Welt der Insider integrieren. Als Sohn einer weißen Mutter aus Kansas und eines schwarzen Austauschstudenten aus Kenia wurde er 1961 in Honolulu auf Hawaii geboren. Seine Eltern hatten sich während des Studiums an der *University of Hawaii* kennen gelernt. Barack Obamas Mutter, Ann Dunham, studierte Anthropologie, sein Vater, Barack Obama sr., war ein aufstrebender Student der Wirtschaftswissenschaften. Die Eltern trennten sich allerdings kurz nach der Geburt von Barack jr. und der Vater folgte einem Stipendium an die Harvard Universität. Nach seinem Abschluss kehrte er als hoher Beamter in seine kenianische Heimat zurück, starb dort aber bereits 1982 bei einem Autounfall.

Obamas Mutter, eine weltoffene und unangepasste Frau, heiratete Mitte der 1960er Jahre den Indonesier Lolo Soetoro. Kurz darauf zog Barry - wie er damals genannt wurde - mit seinem Stiefvater und seiner Mutter nach Jakarta. In dieser Zeit lernte er den Islam und den Hinduismus genauso kennen wie exotische Riten und Speisen. Obama bekam in Indonesien aber auch ein Bewusstsein dafür, dass viele Menschen in einer ganz anderen, ärmeren, weniger privilegierten Welt aufwuchsen als er. Obwohl Obama in Jakarta eine gute Schule besuchte, wollte ihm seine Mutter eine bessere Ausbildung ermöglichen. Aus diesem Grund schickte sie ihn 1971 zurück nach Hawaii, wo er die renommierte *Punahou High School* besuchte und fortan hauptsächlich bei seinen Großeltern lebte. Ann, die sich wenig später von ihrem zweiten Mann in Indonesien scheiden ließ, kam bald nach, lebte aber aufgrund von Forschungsaufenthalten immer wieder etappenweise im Ausland. So lernte Barack Obama, früh auf eigenen Füßen zu stehen und sich seiner Umgebung anzupassen, etwas, was heute als Erwachsener zu einer seiner herausragenden Eigenschaften zählt.

Die Multikultigesellschaft der Pazifikinsel prägte den jungen Obama, positiv wie negativ. Zum einen lernte er in dem einzigartigen Mikrokosmos aus Festlandamerikanern, asiatischen Einwanderern und samoanischen Ureinwohnern früh, kulturelle Gräben zu überwinden. Zum anderen hatte er aber Schwierigkeiten, seine eigene Identität zu finden. In seiner Klasse waren 90 Prozent der Schüler weiß, dazu kamen noch ein paar Kinder asiatischer Abstammung. Afroamerikanische Kids gab es so gut wie keine auf Hawaii. Wie es Obama in seinem Buch *„Dreams of My Father"* eindrucksvoll beschrieb, war es ihm ein Bedürfnis, intensiv nach seinen schwarzen Wurzeln zu suchen und sie kennenzulernen. Seine Hautfarbe und sein Anderssein konfrontierten ihn zwangsläufig auch mit der Rassenfrage in den USA. Die Lektüre von Martin Luther King und Malcolm X, Geschichten über den ersten schwarzen Verfassungsrichter Thurgood Marshall oder die Gospelstimme von Mahalia Jackson inspirierten ihn, doch sie trennten ihn auch von der weißen Lebenswirklichkeit in den großen Städten Amerikas. Er fühlte sich nach eigenen Worten

ethnisch isoliert und das in beide Richtungen. Hinzu kam die Abwesen-
heit des Vaters, die er selbst als *„kompliziert"* bezeichnete. Obwohl er eine
behütete Kindheit bei seinen Großeltern und seiner Mutter auf der Ur-
laubsinsel Hawaii hatte, fehlte ihm der Vater, der für ihn ein distanzier-
ter Held, zugleich aber auch ein gescheiterter Mensch war. Obama gab
über die Beziehung zu seinem Vater einmal zurückhaltend zu Protokoll:
„Jeder Mensch versucht, den Erwartungen seines Vaters gerecht zu wer-
den oder aber seine Fehler gut zu machen. In meinem Fall mag beides
zutreffen." Ein erster Hinweis für Obamas starken Ehrgeiz? Auch im Sport
und in außerschulischen Aktivitäten wollte er immer gewinnen. In der Tat
war Barack Obama später ein ebenso erfolgreicher Student wie sein Vater.
Er besuchte die Universität in Harvard, an der auch schon Barack sr.
studiert hatte. Gleichzeitig verbot er es sich aber, ähnlich unidealistisch
zu denken. Barack jr. wollte nicht so desillusioniert enden wie sein Vater,
der sich als ökonomischer Chefberater der kenianischen Regierung auf-
rieb an den ethnischen und politischen Kämpfen im Lande, entlassen
wurde und bis zu seinem Tod 1982 kaum noch privates oder berufliches
Glück fand.

Ein Ausdruck dieser inneren Zerrissenheit Obamas waren sicherlich
auch seine kurzzeitigen Experimente mit Drogen wie Marihuana oder
Kokain. Diese Phase endete aber mit dem Umzug zum Studium nach Los
Angeles. Bereits zwei Jahre später zog es Obama in die aufregende und
aufgeregte Metropole New York, wo er 1983 seinen Bachelor-Abschluss
in Politikwissenschaften mit Schwerpunkt „Internationalen Beziehungen"
an der *Columbia University* machte. In dieser Zeit lebte er extrem
zurückgezogen und verbrachte den größten Teil seiner Freizeit mit dem
Lesen. Ob Sartre, Marx oder die Bibel, Obama las viel und intensiv, während andere Studenten dem Puls und den verschiedensten Angeboten der
Weltmetropole New York folgten.

Im Anschluss an das Studium arbeitete er kurz als Researcher bei
einem Wirtschaftsverlag. Dieser Ausflug in die Welt des Business dauerte
allerdings nur wenige Monate. Obama wollte die andere Seite des Lebens
kennenlernen.

Er bewarb sich um eine Stelle als Sozialarbeiter in Chicagos *South Side*, einem der ärmsten Schwarzenviertel des Landes. Hier wollte er arbeiten und die für ihn bisher unbekannte, unterprivilegierte Seite farbigen Lebens in den USA kennenlernen. In der *South Side* lebte das andere schwarze Amerika, von dem er bisher nur gelesen und gehört hatte. Hier wohnten Menschen mit wenig Hoffnung, wenig Bildung und schlechten Jobaussichten, für die die Lebenswelten auf Hawaii oder in Manhattan weit entfernt wirkten. Wieder kam er als Außenseiter in eine Gemeinschaft, die ihn anfangs argwöhnisch beäugte. Als Direktor des *Developing Communities Project* musste sich Obama sein Ansehen hart erarbeiten. Er bemühte sich jedoch aufrichtig, die Frustration der Schwarzen in Chicago aufzufangen und sie in politische Aktivität umzuleiten. Er prangerte Asbest in öffentlichen Gebäuden an, er kämpfte für besseren Mieterschutz, er leitete Jobtrainingprogramme und College-Vorbereitungskurse.

Auch wenn er durchaus Erfolge verbuchen konnte – u.a. wuchs sein Team von einer auf 13 Personen, sein Budget von 70.000 auf 400.000 Dollar – so setzte sich bei Obama bald die Einsicht durch, nur auf einer höheren politischen Ebene substantielle soziale Änderungen erzielen zu können. Dazu musste er sich weiter qualifizieren. Wieder wechselte er die Lebenswelten.

1988 schrieb er sich zum Jura-Studium an der *Harvard University* ein. Das Leben in der weißen, etablierten Ostküstenwelt Bostons bedeutete einmal mehr eine große Umstellung für Barack Obama. Aber auch in dieser elitär angehauchten Umgebung fand sich der junge Afroamerikaner zurecht. Er integrierte sich nicht nur erfolgreich, sondern wurde im zweiten Jahr seines Studiums sogar zum Herausgeber des altehrwürdigen *Harvard Law Review* gewählt. Er war der erste schwarze Student überhaupt, der dieses prestigeträchtige Amt inne hatte. Nach seinem Abschluss mit *magna cum laude* Anfang der 1990er Jahre schlug er die Angebote der großen Anwaltskanzleien und Firmen aus. Es zog ihn zurück nach Chicago. Dort lernte er seine spätere Frau Michelle kennen und arbeitete zunächst in einer kleineren Anwaltskanzlei, die auf Bürgerrechtsfragen spezialisiert war.

Die Politik hatte er aber zu dieser Zeit schon im Auge. Ihrem Ruf und Reiz folgte er erstmals 1992, da organisierte er eine erfolgreiche Wählerregistrierungskampagne im Rahmen von Bill Clintons Präsidentschaftskampagne. Doch erst 1997 gelang ihm selbst der Sprung in die Politik. Obama wurde in den Landtag von Illinois gewählt, dem er bis zur Wahl zum US-Senator im Jahre 2004 angehörte. Auch in diesem Milieu hatte er kaum Anpassungsschwierigkeiten. Schnell stieg er auf und machte sich einen Namen als Brückenbauer zwischen den politischen Lagern.

Barack Obama tritt in der Öffentlichkeit immer locker und entspannt auf. Er wirkt weder machtversessen noch überehrgeizig. Ein Blick in seine Biografie verdeutlicht aber, dass er durchaus eine sehr zielstrebige und karriereorientierte Person mit hohen Erwartungen und Zielen ist, die – gesegnet mit viel Selbstbewusstsein und Charisma und einer überaus intelligenten Ehefrau – schon heute einen beeindruckenden Aufstieg hinter sich hat.

Spätestens auf dem College wurde Obama klar, dass ein Vorankommen in der amerikanischen Gesellschaft nur mit guten Bildungsabschlüssen zu schaffen war. Seine Intelligenz und seinen Wissensdurst hatte seine Mutter in ihm entfacht. Nun beeindruckte er damit auch seine Lehrer. Weggefährten berichteten, dass sich in seinem Apartment die Bücher stapelten. Er las sehr unterschiedliche Autoren, von Marx bis Milton Friedman. In seinen späteren Jahren sollte ihm diese Intellektualität von Zeit zu Zeit zum Verhängnis werden. Im Vorwahlkampf um einen Sitz im Repräsentantenhaus gegen Bobby Rush im Jahr 2000 machte sein Konkurrent Punkte gegen ihn mit der Aussage, er sei zu intelligent für die Menschen in der *South Side* Chicagos, er teile nicht deren Lebenswelten. Rush bemühte dafür einen alten Curtis-Mayfield-Song und nannte Obama *„an educated fool"* - einen gebildeten Unwissenden. Auch im Kampf gegen Hillary Clinton und John McCain tauchten regelmäßig Artikel auf, die die Frage aufwarfen, ob er zu intelligent für die Politik sei.

Was Obamas Person aber neben seiner Bildung und Erziehung so besonders macht, sind seine Ausstrahlung, sein Selbstbewusstsein und sein Charisma. Egal ob er vor Obdachlosen, vor Redaktionsmitgliedern der *Harvard Law Review*, vor Studenten der *University of Chicago* oder später vor begeisterten Wählern sprach, die Zuhörer waren angetan von seiner Rhetorik, seiner Authentizität und Außenwirkung. Er war einer dieser Menschen, die nicht unbemerkt in einen Raum treten, sondern sofort eine besondere Aura und Energie versprühen. Seine Kommilitonen in Harvard schrieben ihm ins Jahrbuch, er habe mehr Wert auf Reden als auf Fußnoten verwandt. Schon während des Wahlkampfes gegen Bobby Rush bekam er den Beinamen *„Kenyan Kennedy"* – kenianischer Kennedy. In der Tat basierte Obamas Aufstieg als Politiker zunächst vor allem auf seinen mitreißenden Reden gegen den Irakkrieg (2002) und für mehr Geschlossenheit auf dem Parteitag der Demokraten (2004). Seine Rhetorik schuf die Grundlage für die Aura des außergewöhnlichen Kandidaten. Ein Grundstein für den Sieg über Hillary Clinton.

Auch fehlte es ihm nicht an Chuzpe. Von seiner Mutter hatte er gelernt, dass kein Ziel zu groß ist, um es nicht erreichen zu können. Als Jura-Student sprach er bereits davon, Bürgermeister von Chicago zu werden; als Lehrbeauftragter an der Universität von Chicago flachste er offen darüber, eines Tages der Gouverneur des Staates Illinois zu sein. Nach nur drei Jahren im Landtag von Illinois hatte er genügend Selbstbewusstsein, um im Vorwahlkampf gegen den Amtsinhaber seiner eigenen Partei anzutreten. Obama wagte den Sprung in den US-Kongress. Das schaffte er nicht und scheiterte bitter. Nach dieser Niederlage diskutierten Kommentatoren in Chicago sogar offen darüber, ob Obamas politische Karriere vorbei sei. Auch seine Frau hatte Vorbehalte gegenüber der Politik. Sie wollte, dass ihr Mann einen sichereren Job annahm. Aber Obama wollte auf die große politische Bühne. Er schaffte es schließlich 2004 mit seinem Sieg im Senatswahlkampf gegen den republikanischen Kandidaten Alan Keyes. Wiederum drei Jahre später trat er bereits im Rennen um das höchste politische Amt in den USA an: den Einzug ins Weiße Haus.

Barack Obamas Biografie ist nicht nur die eines karrierebewussten Aufsteigers, sondern auch die eines realistischen und mutigen Idealisten. Das klingt paradox, beschreibt ihn aber sehr treffend. Der Idealist Obama wurde maßgeblich von seiner Mutter geprägt. Sie vermittelte ihm eine positive Sicht auf die Welt. Sie war eine unverbesserliche Träumerin, die sich dagegen wehrte, die Schwächen der Menschen anzuerkennen. Obamas Großmutter Madelyn Dunham sagte treffend über ihre Tochter: *„Ihre Füße berührten niemals den Boden."* Ann glaubte bis zu ihrem Tod 1995 immer an das Gute in der Welt. Dieses Gefühl gab sie auch an ihren Sohn weiter und vermittelte ihm den Grundsatz, nie vorschnell über andere Menschen ein Urteil zu fällen.

Es überrascht also nicht, dass sich Barack Obama als Teil einer neuen schwarzen Politikergeneration betrachtete, die sich zum Ziel gesetzt hatte, nicht mehr die alten, bitteren Kämpfe der Bürgerrechtsbewegung zu kämpfen, sondern den Blick auf die positive Zukunft Amerikas zu richten. Ohne Frage hatte Obama Respekt für die Leistungen von schwarzen Bürgerrechtlern wie Jesse Jackson oder Al Sharpton. Ihm missfiel aber deren Schärfe, Bitterkeit und Aggressivität. Obama hatte die polarisierende Wirkung solcher Grabenkämpfe in Chicago bewusst miterlebt, als dort die Wahl des ersten schwarzen Bürgermeisters Harold Washington zeitweilig zu einem politischen Ausnahmezustand zwischen den konservativen und liberalen Lagern geführt hatte.

Die junge Generation schwarzer Politiker wollte substantielle Änderungen in der amerikanischen Gesellschaft erwirken. Sie hatte aber das Gefühl, diese nur erreichen zu können, wenn sie in der Lage war, aus dem schwarzen Wählermilieu auszubrechen, um breitere Koalitionen zu formen. Das Vehikel für eine solche Politik war eine idealistische Rhetorik, die Hoffnung predigte, nicht den negativen Blick in die Vergangenheit. Vorbei sollten die Zeiten sein, in denen es darauf ankam, den Gegner mit negativen Stereotypen zu überziehen. Politiker wie Barack Obama oder auch Deval Patrick (Gouverneur von Massachusetts) standen für Einheit und Versöhnung.

Bewusst knüpften sie an die Politik der Kennedys in den 1960er Jahren an. Und zwar nicht so sehr an die Leitlinien John F. Kennedys, sondern vielmehr an die populistische, inspirierende Rhetorik und Wirkungskraft seines Bruders Robert („Bobby") Kennedy, der während des legendären Vorwahlkampfes 1968 – in dessen Verlauf er tragischerweise ermordet wurde – den Satz prägte: *„Ich träume von Dingen, die noch nie Wirklichkeit geworden sind und frage: Warum nicht?"*

Auch von Martin Luther King ließ sich Barack Obama ganz bewusst inspirieren. Kings Rede *„I Have A Dream"* wurde zu einem fundamentalen Grundstein für seinen Politikansatz. Die positive Kraft der Vision für politische Veränderungen einzusetzen, das hatte der Prediger ihm vorbildhaft aufgezeigt.

Trotz allem Idealismus legte Obama aber durchaus eine realistische Denkweise an den Tag. Sowohl im Landtag in Illinois als auch im US-Senat lernte er die praktische Seite der Politik kennen. Rhetorik war die eine Sache, substantielle Parlamentsarbeit die andere. Obama bemühte sich immer um Kompromisse, auch mit der gegnerischen Seite. In Illinois brachte er Reformen des Gesundheitssektors und des Lobbyings auf den Weg. Er kümmerte sich um Bürgerrechte und Minoritätenfragen. Im US-Senat arbeitete er mit Republikanern wie Senator Richard Lugar an Gesetzen zur Nichtverbreitung von Massenvernichtungswaffen oder sponsorte den parteiübergreifend verabschiedeten *Honest Leadership and Open Government Act*, der Lobbying auf der Bundesebene transparenter machen sollte. Auch sein Wahlprogramm war Ausdruck substantieller, realistischer Politik. Sein Hunderte von Experten umfassender Beraterstab war alles andere als mit idealistischen Schaumschlägern besetzt, sondern mit realistischen, erfahrenen und hochprofessionellen Politikkennern.

Barack Obamas Biografie ist die eines facettenreichen Aufsteigers. Sein Lebensweg fasziniert. Hollywood hätte ihn nicht besser erfinden können. Seine Person, sein Habitus, seine Herkunft sprengen die normalen Dimensionen der Politik. Obama ist neu, anders und frisch. Er kreiert das gute Gefühl, das idealistische Moment, das sich Menschen in der Politik wünschen und Erinnerungen an große Charaktere und Führungspersönlichkeiten wach werden lässt. Gleichzeitig sind in seinem Lebenslauf aber auch Spannungen unübersehbar, die zu Problemen im Wahlkampf führen mussten. Sein „Anderssein" machte nicht nur Mut, sondern auch Angst. Sein schneller Aufstieg faszinierte, konfrontierte ihn aber auch mit dem Vorwurf, er sei noch zu unerfahren für die große Politik. Seine idealistische Rhetorik begeisterte, sie kreierte jedoch auch das Image der Substanzlosigkeit und des Abgehobenen.

Wie auch immer aber alle Vorwürfe seiner politischen Gegner bisher gelagert waren, seine unerschütterliche innere Kraft, sein Idealismus und sein Selbstvertrauen überdauerten die kräftezehrenden Auseinandersetzungen. Am Ende wurde er immer von denen gestützt, für die er die Rahmenbedingungen verbessern wollte. Den Menschen Amerikas, die in ihm und durch ihn eine bessere Zukunft sahen.

II. Wahlkampf in den USA
– Ein Überblick

Die USA sind das Land der Wahlen und Wahlkämpfe. In keinem anderen politischen System werden so viele öffentliche Ämter per Abstimmung besetzt wie in den Vereinigten Staaten. Amerikaner wählen ihren Präsidenten genauso wie ihre Gouverneure, Kongress- und Landtagsabgeordneten, die Mitglieder der Schulbezirksverwaltung oder lokale Richter. In vielen Staaten stimmen sie basisdemokratisch über eine Vielzahl von Volksbegehren und Volksinitiativen ab.

Die Präsidentschaftswahlen ragen aus diesem bunten Mix von Wahlen deutlich heraus. Alle vier Jahre – verfassungsrechtlich festgelegt am ersten Dienstag nach dem ersten Montag im November – wählen die Amerikaner ihren Präsidenten. Er ist in seiner Rolle als Regierungschef, Oberbefehlshaber der Armee und oberster Repräsentant des Staates eine wichtige Symbolfigur für die Nation, für deren Geist und Zusammenhalt. Dadurch wird die Präsidentschaftswahl zur wichtigsten Abstimmung im Wahlzyklus.

Wahlkämpfe um das Weiße Haus sind extrem anspruchsvolle, kapital- und medienintensive Prozesse. Mittlerweile beginnt am Tag nach der Wahl bereits das Rennen um die Präsidentschaft in vier Jahren. Neue Kandidaten bringen sich in Stellung, der Amtsinhaber bereitet sich auf seine Wiederwahl vor. Der Begriff des *permanent campaigning* (also die kontinuierliche Kampagnenführung) ist in den USA keine hohle Phrase mehr, sondern Realität. Wahlkämpfe in Europa – mit ihren sechs bis acht Wochen des intensiven Werbens um die Gunst der Wähler – wirken wie ein 100-Meter-Sprint im Gegensatz zu den fast marathonartigen Präsidentschaftskampagnen in den USA.

Dieser Marathon beginnt mit den parteiinternen Vorwahlen. Anders als in Deutschland werden die Kandidaten nicht von Parteigremien bestimmt, sondern von der Basis. Da es in den USA keine formelle Parteimitgliedschaft gibt, besteht diese Basis schlicht und einfach aus den Sympathisanten der Parteien, die sich als solche bei der Wahlbehörde ihres Bundesstaates eintragen können. In vielen Staaten sind die Vorwahlen sogar so offen, dass alle Bürger an der Auswahl des Parteipersonals teilhaben dürfen, egal ob sie als Demokraten, *Independents* (unabhängige Wähler) oder Republikaner registriert sind.

Ein solches basisdemokratisches Auswahlverfahren begünstigt grundsätzlich den Aufstieg von wirkungsmächtigen Persönlichkeiten. Es hemmt das Emporkommen von blassen Bürokraten und trockenen Sachpolitikern.

Es gibt zwei Formen von Vorwahlen. Die eine ist die *Primary*, die einem normalen Urnengang mit Stimmzettel und Kreuzchenmachen entspricht. Die andere ist ein sogenannter *Caucus*. Der *Caucus* ist eine lokale Parteiversammlung mit anschließender Abstimmung, die in Feuerwehrgerätehäusern, Turnhallen, Kirchen oder Wohnzimmern stattfindet. In den meisten Staaten werden mittlerweile *Primaries* abgehalten. *Caucuses* finden seltener statt, unter anderem noch in Iowa oder Colorado.

Vorwahlkämpfe sind wahre politische Feuertaufen. Unvorstellbare Belastungen kommen auf Politiker zu, die sich diesem Ritual stellen. Tägliche Kampagnenauftritte, ewiges Händeschütteln, regelmäßige Fundraising-Dinner, unzählige TV-Interviews sowie Dauerbeobachtung durch die Medien: das ist der Alltag eines jeden Kandidaten, der sich auf den Weg ins Weiße Haus macht. Im diesjährigen Wahlzyklus wurden die Vorwahlen noch intensiver als sonst geführt. Der Grund: Erstmals seit über 50 Jahren bewarb sich kein Amtsinhaber oder amtierender Vizepräsident um das höchste Amt im Staate. Es fand ein wahrhaftiges *open race* statt, das auf beiden Seiten des politischen Spektrums eine Vielzahl von Kandidaten anlockte. Bei den Demokraten traten insgesamt acht ernsthafte Kandidaten an, bei den Republikanern sogar zwölf.

Der Vorwahlkampf startet in der Regel bereits im Jahr vor den eigentlichen *Primaries*. Diese Periode – im Fachjargon *pre-primary period* genannt – ist ebenso entscheidend für den Ausgang des Rennens wie die eigentliche Phase des Wahlkampfes. In den Monaten vor den ersten Abstimmungen trennt sich bereits die Spreu vom Weizen im Bewerberfeld. Die Medien beäugen die Kandidaten sehr kritisch. Sie begutachten ihre Fundraising-Zahlen, sie werten Meinungsumfragen aus, sie schauen genauestens darauf, welche Politiker aus dem Parteiestablishment sich für welche Kandidaten aussprechen. So entsteht sehr bald eine Rangfolge oder ein Schichtensystem im Feld. Das Top-Level setzt sich Schritt für Schritt ab von den vermeintlich chancenlosen Mitläufern.

Eine gute monetäre Grundlage, ein positives Image und ein gutes Standing in der Partei sind zwingend notwendig, um das sog. *frontloading* erfolgreich zu meistern. *Frontloading* bezeichnet die schnelle Abfolge von Abstimmungen am Anfang der Vorwahlzeit. Auch im Jahr 2008 war der Wahlkalender extrem komprimiert. Viele Bundesstaaten legten ihre Abstimmungen an den Beginn der Vorwahlsaison, um mehr Mitsprache und mediale Aufmerksamkeit zu erhalten. Allein von Anfang Januar bis Anfang Februar fanden bei den Demokraten 29 Urnengänge statt.

Innerhalb dieses engen *Primary*-Kalenders behielten Iowa und New Hampshire jedoch ihr traditionelles Recht, die ersten Bundesstaaten zu sein, die die Vorwahlsaison eröffnen. Auch wenn in diesen bevölkerungsarmen Gegenden wenige Delegiertenstimmen zu holen sind, so ist ein Sieg in diesen Schlüsselstaaten ganz entscheidend für den weiteren Verlauf des Vorwahlkampfes. Wer dort gewinnt bzw. seine Erwartungen übertrifft, der geht mit medialem Rückenwind in den Rest der Vorwahlsaison. Wer dort verliert oder schlechter als erwartet abschneidet, dem wird ein Makel angeheftet, den er kaum mehr los wird bis zum Ende des Auswahlprozesses. So erging es 2008 Hillary Clinton.

Ein weiterer Höhepunkt im Vorwahlkalender ist der *Super Tuesday*. An diesem quasi-nationalen Vorwahltag finden Abstimmungen parallel in bis zu 24 Bundesstaaten statt. Historisch betrachtet fällt an diesem Tag oft die Entscheidung darüber, wer sich als Kandidat im parteiinternen Rennen durchsetzen kann. Wie noch zu zeigen sein wird, nahm der Vorwahlkampf bei den Demokraten in diesem Jahr jedoch einen anderen Verlauf. Da die Vorwahlen am *Super Tuesday* (5. Februar) – auch aufgrund des komplizierten Delegiertenauswahlsystems – in einem faktischen Patt zwischen Clinton und Obama endeten, ging das Rennen zwischen den beiden Protagonisten mit voller Intensität weiter und zog sich bis zum Ende der Vorwahlsaison am 3. Juni hin.

Wer als Sieger aus dem langen und harten parteiinternen Auswahlprozess hervorgeht, dem wird traditionell die Ehre der Kandidatenkür auf einem nationalen Nominierungsparteitag zuteil. Diese Veranstaltungen sind perfekt inszenierte „Krönungsmessen", in deren Rahmen sich der Kandidat den Wählern noch einmal ganz persönlich vorstellt, aber auch sein Programm erläutert und sich in Stellung gegen den politischen Gegner bringt. Sie bilden den Auftakt zum Hauptwahlkampf, der im Zeitraum von Anfang September bis zum Wahltag Anfang November stattfindet, und finden große nationale Aufmerksamkeit von Menschen und Medien.

Fixpunkte des Hauptwahlkampfes sind zum einen die TV-Debatten, die zwischen den beiden Spitzenkandidaten in unterschiedlichen Formaten ausgetragen werden. Mal gibt es eine klassische Frage- und Antwortsession mit einem Moderator, mal wird ein sog. *Town-Hall*-Format angewendet, bei dem ausgewählte Bürger Fragen direkt an die Kandidaten stellen können. Zum anderen kommt es natürlich ganz entscheidend auf die letzten zwei bis drei Wochen vor der Wahl an, in der Millionensummen aufgebracht werden, um unentschlossene Wähler von sich zu überzeugen und treue Stammwähler zu mobilisieren. Dieser intensive Dialog mit den Bürgern findet auf allen Ebenen und Kanälen statt, vom Brief über das Fernsehen bis hin zum Internet und zu Hausbesuchen.

Wichtig für das richtige Verständnis von Präsidentschaftswahlkämpfen ist das originelle Wahlrecht der USA, das maßgeblich vom Gremium des *Electoral College* geprägt ist. Diesem Unikat liegt folgendes Konzept zugrunde: Präsident wird nicht der Kandidat, der die meisten Wählerstimmen im Land auf sich vereinigt. Gewinner der Wahlen ist derjenige, der 270 oder mehr Wahlmännerstimmen im Elektorengremium erhält. Auch wenn uns die Medienberichterstattung oft suggeriert, dass der Präsident direkt vom Volk gewählt wird, so ist dies faktisch nicht der Fall. Es ist auch heute noch das *Electoral College*, das den Präsidenten bestimmt, auch wenn die Wahlmänner und Wahlfrauen moralisch, und zum Teil auch per Gesetz, an den Willen der Wähler in den einzelnen Bundesstaaten gebunden sind.

Dieses weltweit einmalige System des *Electoral College* schafft eine hochspannende Arithmetik. Jeder Bundesstaat hat eine unterschiedliche Zahl an Wahlmännern zu vergeben, die sich nach dessen Einwohnerzahl richtet. Kalifornien bekommt als bevölkerungsreichstes Bundesland beispielsweise 55 Elektoren, das dünn besiedelte Montana hingegen nur drei. Gewinnt ein Kandidat in einem Bundesstaat die Mehrheit der Stimmen, so werden ihm alle Wahlmänner dieses Staates zugesprochen. Das Prinzip heißt: *Winner-Takes-All* – der Sieger bekommt alles. Das fiktive Beispiel Ohio verdeutlicht dies: Barack Obama gewinnt den Staat mit 51 % der Stimmen gegen John McCain, der lediglich 49 % erzielt. Trotz dieses knappen Sieges werden Obama alle 20 Wahlmänner zugesprochen. Sein Herausforderer geht komplett leer aus, seine Stimmen in Ohio sind faktisch wertlos.

Die Folge: Die Kandidaten konzentrieren sich auf Schlüsselstaaten – sog. *battleground* oder *swing states* –, die einen knappen Wahlausgang versprechen und eine gewichtige Zahl an Elektoralstimmen besitzen. In den vergangenen Jahren handelte es sich dabei immer wieder um dieselben Staaten wie Florida, Michigan, New Mexico oder eben Ohio. An diesen Orten spielt sich der Hauptteil des Wahlkampfes ab. Die massiven Ressourcen – insgesamt mehr als eine Milliarde Dollar – werden explizit in diesen Schlüsselstaaten gebündelt, um über die magische Grenze von 270 Wahlmännerstimmen zu gelangen. In den elektoralen Hochburgen des einen oder des anderen Kandidaten – bei den Demokraten z. B. die Staaten im Nordosten, bei den Republikanern die Südstaaten – findet hingegen so gut wie keine Kampagnenaktivitäten auf der Präsidentschaftsebene statt.

Auf diesem schwierigen Terrain musste sich Barack Obama bewegen und er tat dies äußerst erfolgreich. Sein einzigartiger Aufstieg und die erfolgreiche Evolution einer simplen Botschaft zu einer großen politischen und gesellschaftlichen Bewegung wurden für dieses Buch analysiert. Das Ergebnis ist die Identifikation von zehn Strategien, die Barack Obama erfolgreich angewendet hat, und die in den nächsten Kapiteln dargestellt werden.

III. Die 10 Erfolgsstrategien des Barack Obama

Strategie 1:
Das richtige Spielfeld – Botschaft und Zeitgeist

Barack Obamas Wahlkampf zeigte eines ganz deutlich: Die eigene Botschaft muss den Zeitgeist treffen! Auf diesem Gebiet gibt es hierzulande für Wirtschaft und Politik erheblichen Nachholbedarf. Zu oft werden stereotype Botschaften oder Werbeversprechen mit geringfügigen Anpassungen wiederholt. Das zeugt von falsch investierter oder fehlender Kreativität, aber auch vom Fehlen intelligenter Analysen über die Ausgangslage einer Kampagne und der falschen Wahrnehmung von Stimmungen bei den Zielgruppen. Elementare Fragen wie *„Wer bin ich? Was will ich? Was wollen, denken oder fühlen meine Kunden und Wähler? In welchem Umfeld kommuniziere ich?"* werden viel zu selten und zu holzschnittartig gestellt. Obama machte diesen Fehler nicht. Er unternahm zwei elementare Dinge, bevor er sich entschied, seinen Hut in den Ring zu werfen. Zum einen analysierte er seine eigenen Stärken und Schwächen sehr genau, zum anderen schaute er sich das Spielfeld, auf dem der Wahlkampf 2008 ausgetragen werden sollte, sehr detailliert an.

Beide Klärungen sind elementar für eine erfolgreiche Kampagne. Das Negativbeispiel für einen Kandidaten, der nicht erkannte, auf welchem Spielfeld er sich bewegte, ist Ex-Präsident George H.W. Bush, der Vater des noch amtierenden Präsidenten George W. Bush. 1988 in das Amt gekommen, bewies er sich als erfahrener Außenpolitiker und guter internationaler Krisenmanager. Versiert begleitete er den Übergang der Ostblockstaaten von der kommunistischen Herrschaft in die neue demokratische Ordnung. 1990/91 führte er zudem einen entschlossenen Irakfeldzug gegen Saddam Hussein. Ausgestattet mit einem breiten UN-Mandat befreiten US-Truppen im Verbund mit ihren Alliierten das besetzte Kuwait. Mit diesen außenpolitischen Erfolgen im Rücken galt Bush sr. ein Jahr vor den Wahlen 1992 als nahezu unbesiegbar. Seine Umfragewerte waren auf dem Höhepunkt, sein unerfahrener Gegner Bill Clinton schien kaum Chancen auf einen Wahlsieg zu haben.

Bush machte jedoch den Fehler, das sogenannte Spielfeld des Wahlkampfes falsch einzuschätzen. Er betonte während der Kampagne seine außenpolitischen Referenzen, ohne ein klares Bewusstsein dafür zu haben, dass Amerika derweil in eine Rezession abglitt und die Menschen dies bereits spürten. Wirtschaft und Arbeit stellten sich schließlich als die wahlentscheidenden Themen heraus, die Bill Clinton schon früh zum Inhalt seines Wahlkampfes gemacht hatte. Der heute legendäre Spruch in Clintons Wahlkampfzentrale, dem sogenannten *War Room: „It´s the economy, stupid!"* – Es geht um die Wirtschaft, Mensch! – drückte aus, dass sein Team es verstanden hatte, in welchem Rahmen die thematische Kommunikation stattfinden musste. Immer wieder nutzte Clinton seine Stärke, im persönlichen Gespräch die Sorgen und Nöte der Menschen aufzunehmen und sie anzusprechen. Sein *„I feel your pain"* – ich kann Eure Sorgen mitfühlen – wurde zum geflügelten Wort des Wahlkampfes.

Von Bush sr. bleibt in Erinnerung, dass er bei einer TV-Debatte mit Bill Clinton und Ross Perot gelangweilt auf seine Armbanduhr schaute. Nicht zu Unrecht empfanden dies viele Wähler als distanziert, arrogant und elitär. Wie diese Präsidentschaftswahl ausging, ist bekannt: Der vermeintlich unerfahrene Bill Clinton gewann. Nach 16 Jahren besetzte wieder ein Demokrat das Weiße Haus und Präsident Bush sr. musste seinen Hut nehmen. Vor diesem Hintergrund ist es erstaunlich, dass die Clintons im Vorwahlkampf 2007/2008 das Gespür für die richtigen Botschaften vermissen ließen. Denn interessanterweise war es wieder ein politisch verhältnismäßig unerfahrener Mann und nicht Hillary Clinton, der die Grundstimmung im Lande besser analysierte als seine politischen Gegner, nämlich Barack Obama.

Trotz aller Analyse kann es nicht darum gehen, dass sich eine Kampagne wie ein Fähnlein im Wind an den Stimmungen in der Gesellschaft oder bei den relevanten Zielgruppen ausrichtet. Im Gespräch mit erfahrenen Meinungsforschern wird sogar immer wieder deutlich, dass es fatal ist, einen Kandidaten oder ein Unternehmen allein nach den Wünschen der Kunden zu verpacken. Die eigenen Ideale und Vorstellungen, aber auch die Geschichte einer Person oder Institution müssen die Basis jeder guten Analyse sein. Niemand kann einen Kandidaten komplett neu erfinden. Erst wenn seine eigenen Ziele und Überzeugungen formuliert

sind, kann damit begonnen werden, seine Kampagne am richtigen Spielfeld auszurichten, die individuellen Stärken zu betonen und die Schwächen in den Hintergrund zu stellen. Ginge man nicht so vor, würde der
Kandidat oder die Kandidatin Glaubwürdigkeit verlieren und die ist heute
wichtiger denn je für den Erfolg einer Kampagne.

Barack Obamas Beraterteam, angeführt vom erfahrenen Medienfach-
mann David Axelrod, wusste um sein großes Potenzial. Den Medien war
der Name Obama geläufig, sein Bekanntheitswert war weitaus höher als
der eines durchschnittlichen Jungsenators. Nach seinem überzeugenden
Auftritt auf dem Parteitag der Demokraten 2004 handelte ihn die Presse
jedoch weiterhin als einen sogenannten *long shot*, also jemanden der sich
erst mittelfristig für das Amt des Präsidenten bewerben würde. Noch
schien die Zeit für den Politnovizen nicht reif. Auch nachdem Obama als
viel gefragter Redner und aktiver Fundraiser für demokratische Kandidaten im Kongresswahlkampf 2006 hunderte von Terminen über das
ganze Land verteilt wahrnahm, änderte sich diese Auffassung kaum.
Beobachter hatten weiterhin Zweifel, ob dies der richtige Zeitpunkt für
eine Kandidatur des Jungtalents sein würde. Hillary Clinton erschien ganz
einfach als zu starke und erfahrene Kandidatin, die sich seit Jahren auf
diesen Wahlkampf vorbereitet hatte und hinter der weite Teile des
Parteiestablishments standen. Obama zögerte dennoch nicht. Er nahm
seine Chance selbstbewusst wahr, denn er hatte das sichere Gefühl, die
richtige Person mit der richtigen Botschaft für die richtige Zeit zu sein.

Was sagten die Zeichen der Zeit? Die politische Stimmung im Lande
war ideal für einen Kandidaten wie Barack Obama, der einen politischen
Neuanfang symbolisierte. Amerika war müde von den politischen Gra-
benkämpfen, die von ideologisierten Interessengruppen und den Eliten
der Republikanischen und Demokratischen Partei immer wieder aufs Neue
entfacht wurden. Die Negativität von Kampagnen hatte im Kongresswahlkampf 2006 einen unrühmlichen Höhepunkt erreicht, als beide
Parteien weniger an den Themen als vielmehr an den charakterlichen
Schwächen der gegnerischen Kandidaten interessiert zu sein schienen.
Die Bevölkerung hatte eine tiefe Abneigung gegenüber der Politik und
ihren Protagonisten entwickelt, eine Situation, die durchaus Parallelen
zu Deutschland aufweist.

Im Zentrum der allgemeinen Gemenge- und Gefühlslage in den USA stand Präsident Bush, der seinen politischen Bonus im Laufe seiner zweiten Amtszeit massiv verspielt hatte. Das Missmanagement während der Katrina-Katastrophe, die ausweglose Situation im Irak, eine drohende Wirtschaftsflaute, all dies schlug sich in den sinkenden Zustimmungsraten des Präsidenten nieder, die nach 50 Prozent im Herbst 2004 nunmehr bei historisch niedrigen 27-30 Prozent verharrten. Amerika befand sich darüber hinaus inmitten massiver sozialer Umbrüche. Die Schere zwischen arm und reich wuchs, auch hier zeigt sich eine der vielen Parallelen zur deutschen innenpolitischen Lage im Herbst 2008. Hinzu kamen die Bankenkrise, eine ausgeprägte Wirtschaftsschwäche und die massiv angestiegene Immigration mexikanischer Einwanderer, die die amerikanische Gesellschaft nachhaltig veränderte. In Umfragen gaben deshalb durchschnittlich zwei Drittel der Befragten zu Protokoll, die Vereinigten Staaten seien auf dem falschen Gleis in Richtung Zukunft unterwegs.

Aus all diesen Gründen suchte das Land nach neuen Wegen, nach einer Antithese zum politischen Establishment. Die Demokraten hatten diese Antistimmung bereits bei den Zwischenwahlen 2006, dem Trendsetter für den Präsidentschaftswahlkampf 2008, genutzt, um die Mehrheit der Republikanischen Partei in beiden Häusern des Kongresses abzulösen. Für die Demokraten hatte es 2006 im Prinzip gereicht, einen simplen wie effektiven Wahlkampfslogan ins das Land hinaus zu schicken: *„It´s time for change!"*- Es ist Zeit für Veränderung. Und es war tatsächlich Zeit für einen grundlegenden Wandel in der Politik. Das erkannte Obama so gut wie kein anderer Kandidat - und er handelte danach!

Vor dem Hintergrund dieser Stimmung analysierten Obama und sein Team die eigenen Stärken und Schwächen. Auf der Habenseite hatte er zunächst seine persönliche Anziehungskraft. Seine Lebensgeschichte, sein Charisma, sein Auftreten setzten ihn von den Standardkandidaten in beiden Parteien ab, sie machten ihn schlicht und einfach zu einem anderen Politiker. Zudem stand er schon aufgrund seiner Jugendlichkeit für eine neue Politikergeneration, die zukunftsorientiert dachte und nicht in der Vergangenheit verhaftet sein wollte. Seine diverse Herkunft prädestinierte ihn darüber hinaus als perfekter Brückenbauer zwischen den segmentierten Gesellschaftsschichten in den USA.

Auch seine rhetorischen Fähigkeiten galten als ein Plus. Obama war ein Mann der Worte, der großen emotionalen Rede.

Obamas Schwäche war eindeutig seine politische Unerfahrenheit. In der Tat hatte er sich weder im Landtag von Illinois noch im Senat einen großen Namen als Sachpolitiker gemacht. Es gab wenige Gesetze, die unter seiner Federführung verabschiedet worden waren. Wenn es ein Sachgebiet gab, das man mit ihm identifizierte, dann waren es die Themen Lobbying und transparentes Regieren.

Ein weiterer Nachteil war seine Hautfarbe - ein Thema, das spannender Weise während der Vorwahlen und auch im Hauptwahlkampf wenig öffentlich thematisiert worden ist. Natürlich gibt es im Jahr 2008 weniger Ressentiments gegenüber schwarzen Politikern als noch in den 1980er Jahren, als Tom Bradley, afroamerikanischer Gouverneurskandidat in Kalifornien, trotz eines sicher geglaubten Sieges am Wahlabend als Verlierer dastand. Die Ursache für diese überraschende Niederlage? Viele weiße Wähler hatten ihre Vorbehalte gegenüber Bradley in Befragungen nicht offen geäußert, entschieden sich in der Wahlkabine aber gegen den schwarzen Kandidaten. Dieses, bis heute *„Bradley-Faktor"* genannte Phänomen, behielt Obama im Hinterkopf und wurde auch von vielen Experten als ein großer Unsicherheitsfaktor in der finalen Entscheidung um das Weiße Haus gesehen.

Aus der genauen Analyse des politischen Klimas und dem präzisen Blick auf die eigenen Stärken und Schwächen entwickelte Obama seine Botschaft, die ihn perfekt vorbereitete für den Wahlkampf auf dem richtigen Spielfeld. Dabei ging er äußerst geschickt vor. Zunächst suchte er nach übergeordneten Kategorien für seine Botschaft, die sich perfekt in den Zeitgeist einfügten. Mit diesem breiten kommunikativen Aufbau wollte er ein solides Fundament für seine Kampagne schaffen, das ihm einerseits Flexibilität garantierte, in das sich andererseits aber auch alle weiteren Strategien und Teilbotschaften einsinken ließen – ein ganz wichtiger Punkt! Dieses Fundament bestand aus den Kernthemen *Unity* (Einheit), *Hope* (Hoffnung) und *Change* (Wandel).

1. Unity – Einheit

Perfekt inszeniert erklärte Obama im Februar 2007 seine Kandidatur im geschichtsträchtigen Springfield, vor dem Hintergrund des Old State Capitol von Illinois. Dort hatte schon der präsidiale Übervater Abraham Lincoln acht Jahre als Abgeordneter im Landtag gedient. Die Verbindung lag auf der Hand. Selbstbewusst stellte sich Obama in die Ahnenreihe eines großen Präsidenten, der für den Zusammenhalt der Nation stand. Diese Symbolik spielte präzise in die politische Stimmung in den Vereinigten Staaten. Große Teile der Bevölkerung gierten nach einem neuen Gefühl der Einheit im Land. Die ideologischen Auseinandersetzungen zwischen konservativem und links-progressivem Lager hatten in der zweiten Amtszeit George W. Bushs einen neuen Höhepunkt erreicht. Der Irak-Krieg spaltete das Land genauso wie Wertedebatten über Abtreibung, Stammzellenforschung oder Homo-Ehe. Passend dazu etablierte sich ein Wahlkampfstil, der gezielt auf konstrastierenden Negativwahlkampf setzte. Politische Berater empfahlen regelmäßig den Frontalangriff auf den Gegner, vor allem auf dessen persönliche Schwächen. *„Negatives drive the numbers"* - negative Kampagnen zeigen positive Umfrageeffekte - hieß ihr Credo. Dieser zynische Blick auf Wahlkämpfe und Politik frustrierte gerade die vielen unpolitisch denkenden Bürger in den USA.

Obama reagierte auf diese Frustrationen mit einer Botschaft, die die Sehnsüchte der enttäuschten politischen Mitte aufgriff. Er nutzte den Wunsch nach Ausgleich und Harmonie, der so verbreitet war nach sieben polarisierenden Jahren der Bush-Präsidentschaft. Wie im einleitenden Kapitel angesprochen, war es nicht nur seine persönliche Lebensgeschichte, die ihn für eine Botschaft der Einheit und des Brückenbauens prädestinierte, sondern auch seine individuelle Überzeugung, Politik und Wahlkämpfe vom üblichen Zynismus und Negativismus zu befreien. Passend dazu nahm er sich schon in der Frühphase der Kampagne vor, einen neuen kommunikativen Stil zu prägen, der ohne dumpfen Negativwahlkampf, ohne Verdrehung von Tatsachen, ohne Hin und Her von Anschuldigung und Gegen-Anschuldigung auskommen sollte. Er weigerte sich, die übliche zynische sogenannte *Spin-Doctor*-Kampagne zu machen, die die professionelle Beraterkaste in Washington ihren Kandidaten regelmäßig verordnete. Der Bruch mit dem alten Wahl-kampfparadigma sollte radikal sein. An einem der entscheidenden Punkte seiner Kandidatur, seiner Rede auf dem Jefferson-Jackson-Dinner der Demokratischen Partei im November 2007 in Iowa, brachte er diese über-geordnete Botschaft der Einheit auf den Punkt, als er sagte: *„Ich möchte im nächsten Jahr oder in den nächsten vier Jahren nicht die selben Kämpfe kämpfen, die wir in den 1990er Jahren ausgefochten haben. Ich möchte das rote Amerika nicht gegen das blaue Amerika ausspielen. Ich möchte Präsident der VEREINIGTEN* [Anm.: Hervorhebung durch die Autoren] *Staaten von Amerika werden."*

2. Hope – Hoffnung

In Zeiten der politischen und wirtschaftlichen Krise, in denen viele Amerikaner sorgenvoll in die nüchterne Gegenwart blickten, richtete Barack Obama den Fokus bewusst auf die Zukunft. Mit dem Begriff der Hoffnung, prominent untergebracht in seinem zweiten Buch *(The Auda-city of Hope)*, bediente sich Obama eines für europäische Betrachter äußerst luftigen Stilmittels, das im amerikanischen Kontext aber auf fruchtbaren Boden fällt. Bereits Präsident Franklin D. Roosevelt nutzte diese unpolitische Botschaft, um die Menschen nach der Weltwirt-schaftskrise wieder moralisch aufzurichten. Auf dem Nominierungspar-teitag der Demokraten in Chicago 1932 rief er in die Menge: *„Happy Days Are Here Again"* – die glückliche Zeit ist zurück. Dieser naive Optimismus und Fortschrittsglaube ist fest verankert in der nationalen Erzählung der USA. Der Mythos des Landes der unbegrenzten Möglich-keiten, des für jedermann möglichen sozialen Aufstiegs und der Zukunftsorientierung sind die zentralen Bausteine der amerikanischen Zivilreligion. Sie sind der Kitt der extrem fragmentierten US-Gesellschaft.

Abseits dieser nationalen Affinität zu optimistischem Denken hatte der kommunikative Oberbegriff *Hope* für Obama ganz konkrete taktische Vorteile, weil er eine seiner größten Schwächen in einen Vorteil um-münzte. Indem Obama den Blick der Wähler (und der Presse) geschickt auf die Zukunft lenkte, drängte er seine fehlende politische Erfahrung in den Hintergrund. Es ging ihm um eine vorwärts gerichtete Modernisierung des Landes, nicht um das Rezitieren vergangener Politikerfolge. Diese Strategie war riskant, stand aber auf einer festen empirischen Basis. Wissenschaftliche Studien belegen immer wieder, dass Wähler ihre Entscheidung mit dem Blick in die Zukunft fällen, selten urteilen sie retrospektiv.

Aus diesem Grund nahm auch sein Wahlkampfcredo *„Yes, We Can"* so viel Platz in seinen Reden, auf seinen Plakaten, Mailings und in TV-Spots ein. Obama predigte den Fortschritt, die in die Zukunft gerichtete Aktion und die Möglichkeit für jeden daran teilzuhaben. Dabei setzte er auf selbstbewusste Hoffnung und Chancengleichheit. Das Zitat aus seiner Siegesrede im Bundesstaat Iowa am 3. Januar 2008 veranschaulicht diese zentrale Botschaft, eingewoben in Obamas eigene Lebensgeschichte und die des Landes: *„Hoffnung führte eine Truppe von Kolonisten dazu, sich gegen ein Königreich aufzulehnen; Hoffnung war es, die die größte aller Generationen veranlasste, einen Kontinent zu befreien und eine Nation zu vereinen; Hoffnung brachte junge Frauen und Männer dazu, Sit-Ins an Theken von Restaurants abzuhalten, sich Wasserwerfern entgegen zu stellen und für die Freiheit von Selma nach Montgomery zu marschieren. Hoffnung ist das, was mich an diesen Ort führte – mit einem Vater aus Kenia und einer Mutter aus Kansas; und einer Geschichte, wie sie so nur in den Vereinigten Staaten von Amerika passieren kann. Hoffnung ist der Grundstein dieser Nation; der Glaube, dass das Schicksal nicht für uns, sondern von uns gemacht wird; dass alle Männer und Frauen, die mit der gegenwärtigen Situation unzufrieden sind, den Mut haben, die Welt so zu verändern, wie sie ihrer Meinung nach sein sollte. "*

3. Change – Wandel

Heute wird Barack Obama zumeist mit dem Oberbegriff *Change* in Verbindung gebracht. Kein Wunder. Er hat diesen Grundgedanken geschickt besetzt und ihn zum prägenden Wort des Vor- und Hauptwahlkampfes gemacht. Interessanterweise liest und hört man in den frühen Reden Obamas wenig vom politischen Wechsel, betonte er zu

Beginn seiner Kampagne doch vor allem die Schlagwörter Versöhnung und Optimismus. Wie John Kerrys ehemaliger Meinungsforscher Mark Mellman im Gespräch treffend äußerte: *„Change is what [Obama] changed to."*- Veränderung - das hatte sich verändert. Erst im Laufe des Vor-Vorwahlkampfjahres 2007 erkannte das Team, dass Obama dieses Meta-Thema prägen konnte und musste. Der Hauptgrund dafür: Seine Hauptkonkurrentin Hillary Clinton hatte ebendieses Thema erstaunlicherweise unbesetzt gelassen. Ein fataler Fehler, auf den in Kürze nochmals eingegangen werden soll. An dieser Stelle sei zunächst nur darauf hingewiesen, wie wichtig es ist, immer flexibel auf die Gemengelage im kommunikativen und gesellschaftlichen Umfeld einzugehen.

Barack Obama hatte mit dem Begriff des Wandels rechtzeitig seinen dritten und wichtigsten Stützpfeiler für das eigene kommunikative Dach gefunden. Denn das Land, allen voran die wechselwählende Mitte, gierte immer deutlicher nach Veränderung. Ein perfektes Umfeld für einen Politiker, der anders zu sein schien, der die Aura des Neuen und Innovativen ausstrahlte und dabei sehr unpolitische Botschaften aussendete. Obama bediente sich folgerichtig der klassischen Strategie eines Herausforderers. Er setzte gezielt auf den Kontrast zum politischen Status Quo, zur etablierten Elite in Washington D.C., die nicht mehr auf die Sorgen und Nöte der Menschen im Lande einging, weil sie sich selbst genug war. Diese populistische Anti-Parteien-Botschaft war riskant, war doch Barack Obama seit kurzem selbst Teil des von ihm kritisierten Establishments. Er ging zusammen mit seinen Beratern aber davon aus, dass er nach drei Jahren im Senat noch nicht als typischer Politiker wahrgenommen wurde. Diese Strategie ging auf.

Ein Zitat aus seiner Rede vom Februar 2007, in der er seine Kandidatur für das Präsidentenamt bekannt gab, zeigt, wie geschickt Obama mit diesem Thema umging: *„Ich weiß, dass ich nicht sehr viel Zeit in Washington verbracht habe, um die dortige politische Praxis zu erlernen. Aber ich bin lange genug dort, um zu wissen, dass sich Washington ändern muss."* Auch hier wieder: Eine Schwäche wird in eine Stärke umgewandelt. Der Politnovize weiß um seine mangelnde Erfahrung und Sachkenntnis. Diese Schwächen münzt er aber in eine Stärke um. Dass er noch nicht so viele Jahre der harten politischen Sacharbeit hinter sich hat, deutet er in einem Umfeld, das sich nach politischen Wandel und Neuanfang sehnt, als Positivum. Seine Argumentation: Es kommt nicht auf Erfahrung, sondern auf das richtige Urteilsvermögen an, das erst durch einen frischen Blick von außen geschärft wird und sich nicht in den politischen Mühlen Washingtons zermahlen hat.

Schaut man zurück auf den Verlauf der US-Vorwahlen, dann ist es erstaunlich, wie unbeirrt Barack Obama an seiner kommunikativen Grundausrichtung festgehalten hat. Auch in Zeiten, in denen Hillary Clinton das Feld der Kandidaten dominierte und zum Teil mit über 30 Prozentpunkten vor Barack Obama und John Edwards gelegen hatte, blieb Obama bei seinen kommunikativen Leisten. Viele Stimmen wurden damals laut, die ihm empfahlen, seine Botschaft zu verändern. Kommentatoren und Kampagnenexperten forderten ihn dazu auf, seinen positiven Kampagnenstil aufzugeben, um Clinton offener und direkter angreifen zu können. Sie rieten ihm, von seinen Meta-Botschaften abzurücken und in das Klein-Klein der Politik einzusteigen. Obama ließ sich von dem öffentlichen Druck nicht aus der Ruhe bringen. Er wusste, dass er sich auf dem richtigen Spielfeld, im passenden Rahmen bewegte. Er war sich gewiss, dass die Zeit für seine großen Botschaften kommen würde. Und sie kam, getragen von hunderttausenden engagierter und überzeugter Unterstützer.

Obama siegte aber nicht nur aufgrund der Überlegenheit seiner eigenen Botschaften. Er bekam kostenlose Unterstützung von seiner politischen Gegnerin. Hillary Clinton ist in der Tat das Paradebeispiel dafür, wie man als Kandidat ins Hintertreffen gerät, wenn man sich das falsche thematische Wahlkampf-Spielfeld aussucht. Clintons Chefstratege Mark Penn positionierte Hillary zu Beginn der Kampagne nicht als zukunftsorientierte Kandidatin, die als erste Frau im Weißen Haus den nötigen Wandel für das Land bringen würde. Nein. Ihr Slogan war „*Ready to Lead*" - bereit für Führung. Die Idee: Hillary musste ihre Führungsstärke, Erfahrenheit und Sachkenntnis betonen, um Zweifel an einer weiblichen (als vermeintlich führungsschwach wahr genommenen) Kandidatin zu zerstreuen. Deswegen betonte ihre Kampagne bewusst ihre Vergangenheit und ihre bisherigen Erfolge.

Der Slogan sollte zudem einen Gegensatz zu George W. Bushs Präsidentschaft andeuten. Das Land wollte verlässliche Führung, es suchte nach guten, sachlichen Lösungen, nach Kompetenz statt Unfähigkeit, so die Einschätzung des Clinton-Beraters. Interessanterweise waren nicht alle im Team dieser Meinung. Clintons zweiter Strategieberater Harold Ickes dachte z. B. in der Frühphase der Kampagne offen mit anderen Mitarbeitern darüber nach, sie als Kandidatin des Wandels darzustellen, die als Frau einen neuen Stil in Washington pflegen würde. Fatal für die Kampagne und schließlich für Hillary selbst: Der Meinungsforscher Penn setzte sich durch.

Eine direkte Folge dieser Ausrichtung auf die Botschaft der Stärke und Erfahrung war es, die Kandidatur als Kampagne der Unvermeidlichkeit darzustellen. Hillary Clinton betonte ihre Führungsposition im Rennen um die Kandidatur überaus selbstbewusst. Das war in gewisser Weise nachvollziehbar, weil sie lange Zeit unangefochten in den Meinungsumfragen vor ihren Herausforderern Barack Obama und John Edwards lag. Clinton wollte mit dieser Art von Kampagne ihren Gegnern die Luft zum Atmen nehmen, sie wollte der Parteielite ihre Dominanz zeigen, ihren natürlichen Anspruch auf die Nominierung deutlich machen. Diese Strategie funktionierte aber nur so lange, wie sie tatsächlich unverletzlich erschien. Sie musste aber in sich zusammenfallen, als sie erste Schwächen während der TV-Debatten im Herbst und schließlich bei den Vorwahlen in Iowa zeigte.

Genau betrachtet ermöglichte erst Clintons Strategie der Unvermeidlichkeit es Barack Obama, sich als populistisch-positiven Außenseiter zu etablieren, der gegen den Status Quo in Washington ebenso antrat, wie gegen die alte Form, Politik zu machen und die Ränkespiele der Eliten, die die Menschen in den USA genauso so satt haben wie in anderen westlichen Staaten auch.

Mit ihrer Ausrichtung auf Erfahrung und Etabliertheit wählte das Clinton-Team das falsche Spielfeld. Den Wählern ging es vorwiegend um Wandel, weniger um Sachlichkeit und schnöde Kompetenz. So konnte sich Barack Obama den Mantel des wahren Wandelpredigers überstreifen. Clinton bot ihm die Möglichkeit, das politische Wort des Jahres („Change") zu besetzen. Später versuchte Hillary krampfhaft, Obamas Botschaft zu kopieren mit Slogans wie *„Ready for Change"* oder *„Yes, She Will"*. Das wirkte unauthentisch, künstlich und reaktiv. Es war zu spät. Hillary Clintons Wahlkampf wurde zu einem Paradebeispiel dafür, wie fatal es sein kann, seine Kampagnenrechnung ohne den Wähler zu machen. Mark Penn hatte spätestens seit Hillarys Erfolg im New Yorker Senatswahlkampf im Jahr 2000 ihre Strategie für das Weiße Haus fertig im Kopf. Er nahm den fundamentalen Wunsch nach Wandel nur unzureichend wahr, einen Wunsch, der spätestens nach dem Kongresswahlkampf 2006 immer deutlicher sichtbar wurde.

Das Ergebnis: Trotz aller Abgehobenheit und Unschärfe siegte Obama im Vorwahlkampf mit seinen übergeordneten Botschaften, weil sie den Zeitgeist auf den Punkt trafen. In einer Zeit des politischen Umbruchs dienten sie ihm als Narrativ, der Wählern eine offene Projektionsfläche für das bot, was sie sich unter einem politischen Neuanfang vorstellten. Gesucht wurde eine klare Antithese zu George W. Bush. Obama konnte und wollte diese Position konsequenter als alle anderen Kandidaten besetzen.

☞ Schauen Sie zu Beginn Ihrer Kampagne genauestens auf das gesellschaftliche und kommunikative Umfeld, in dem Sie sich bewegen. Analysieren Sie ehrlich Ihre eigenen Stärken und Schwächen. Versetzen Sie sich zudem in die Schuhe Ihres Kunden und entwickeln Sie daraus breite Kernbotschaften, die als Dach und übergeordnete Erzählung für Ihre Kampagne fungieren. Achten Sie darauf, dass die gewählten Botschaften Ihnen die Flexibilität geben, im Verlauf der Kampagne auch auf neue Herausforderungen zu reagieren!

Meine Notizen und Ideen zum Thema:

Strategie 2:
Authentizität statt Image –
Glaubwürdigkeit in der Kommunikation

Fragt man Wahlkampfberater in den USA nach den wichtigsten Eigenschaften eines erfolgreichen Kandidaten oder einer Botschaft, dann fällt sehr schnell das Wort Authentizität. Was aber versteckt sich hinter diesem vielbeschworenen Begriff? Eine etymologische Annäherung hilft, Licht ins Dunkel zu bringen. Das Wort geht auf das griechische authentes zurück, das soviel bedeutet wie selbstvollendet. Im 16. Jahrhundert benutzte man den Begriff „authentisch", um die Echtheit von Schriftstücken wie Handschriften oder Testamenten zu beschreiben.

Im 20. Jahrhundert hielt Authentizität auch in die Philosophie Einzug, als sich Existenzialphilosophen wie Heidegger oder Sartre mit menschlicher Ursprünglichkeit und gesellschaftlicher Rollenidentität auseinandersetzten. Ursprünglichkeit, Echtheit, Selbstvollendung. Diese Begriffe deuten auf zwei Dimensionen hin, die das Wort Authentizität besitzt. Zum einen beschreibt es einen Zustand der Unmittelbarkeit. Ein Mensch oder eine Institution ist authentisch, wenn sie sich nicht verstellt, wenn sie sich nicht inszeniert, sondern stets ihrem ureigenen Wesenskern nach handelt. Zum anderen beschreibt der Begriff eine innere Gelassenheit, Ruhe und Konsistenz. Authentische Menschen wissen, was richtig oder falsch ist, unabhängig von gesellschaftlichen Meinungen oder Stimmungen. Sie sind innerlich gefestigt gegenüber Gruppendruck, sie halten ihr Fähnlein nicht ständig in den Wind.

Der Wunsch nach Unmittelbarkeit und Konsistenz scheint in modernen Gesellschaften extrem ausgeprägt zu sein. Das ist verständlich. Je mehr Virtualität und Distanz zwischen Bürgern und Politikern, zwischen Kunden und Unternehmen besteht, desto mehr sehnen sich die Menschen nach etwas Realem und Authentischem, dem sie vertrauen können. Heute ist aber oft das Gegenteil der Fall. Allzu oft findet man bei Menschen, seien sie Konsumenten oder Wähler, eine zynische und hochgradig skeptische Einstellung gegenüber Politikern, Marken oder Unternehmen. Der weit verbreitete Glaube, Unternehmen kümmerten sich nur um Gewinnmargen und Profite dominiert ebenso wie der Vorwurf an die Politik, sie sei nicht aufrichtig und strebe einzig und allein nach Macht. Diese Problematik verschärft sich in der heutigen omni-medialen Welt, die bestimmt ist von einem überbordenden Informationsfluss. Mit negativen Schlagzeilen und Skandalisierung wird da ebenso Kasse gemacht wie mit Übertreibungen, Schuldzuweisungen und Halbwahrheiten.

Das hinterlässt Spuren und hat Konsequenzen: In breiten Gesellschaftsschichten hat sich eine grundlegende Skepsis, ein tiefes Misstrauen und eine unübersehbare Elitenverdrossenheit manifestiert. Aber auch die mediale Emanzipation der Bürger ist vorangeschritten. Vorbei ist die Zeit des braven Bürgers, der liest und glaubt, was man ihm sendet, und wählt, was man ihm anpreist. Die Bürger sind schnell, informiert und konsequent geworden. Umso schwerer wird es für Politik und Wirtschaft, Schein und Sein in Einklang zu bringen. Die Folge eines Missverhältnisses zwischen externem Auftreten und internem Verhalten kann verheerend sein, denn es führt zu einem massiven Verlust von Glaubwürdigkeit, der seinen Ausdruck schließlich in mangelndem Vertrauen und sinkenden Zustimmungswerten findet. In Deutschland erfährt dies gerade die SPD, aber auch die CSU nach ihrer deutlichen Wahlniederlage in Bayern.

Das Spannungsverhältnis zwischen medialem Schein und realem Sein ist nicht so leicht aufzulösen, wie es den Anschein haben mag. Politik und Wirtschaft sind angewiesen auf die mediale Außendarstellung. Diese wird aber, das liegt in der Natur der Sache, von Journalisten und Kritikern, Konkurrenten und Unterstützern unterschiedlich wiedergegeben. Zudem tun sich komplexe Organisationen wie Parteien oder Unternehmen per se schwer, in all ihren Facetten konsistent in Denken und Handeln zu sein. Dennoch ist ein Vielfaches mehr an Authentizität möglich, als es heute in Politik und Wirtschaft zu finden ist. Realität ist, dass beide Bereiche ihr strukturelles Unmittelbarkeits- und Beständigkeitsproblem noch nicht gelöst haben. Ganz im Gegenteil zu Barack Obama. Er trotzte einer fragmentierten, omnipräsenten und auf negative Schlagzeilen ausgerichteten Mediengesellschaft. Er vermochte es, weitestgehend glaubwürdig zu handeln und zu kommunizieren und dadurch skeptische, von der Politik enttäuschte Menschen wieder in den politischen Prozess hineinzuholen.

Der einzigartige Aufstieg Barack Obamas gibt Antworten auf die Frage, wie Authentizität und Glaubwürdigkeit in unserer heutigen hypermedialen Gesellschaft erreicht werden kann. Sein Aufstieg und sein Sieg gegen etablierte politische Wettbewerber verdeutlicht die Kraft richtig vermittelter Authentizität. Denn Glaubwürdigkeit und Konsistenz, also die Einheit von Person und Botschaft, ist in dieser Wahlkampfsaison so wichtig gewesen wie selten zuvor und wird auch in Deutschland im Jahr 2009 eine große Rolle spielen.

Es zeigte sich, dass kontrollierte Medieninszenierung zwar weiterhin ein Muss bleibt, sie aber auf Grenzen in einer Kommunikationswelt stößt, die in Zeiten von YouTube, Weblogs und Nachrichtenkanälen immer näher an Kandidaten, Parteien und Unternehmen heranrückt. Das Wahljahr 2008 markierte endgültig die Abkehr von der Wahlkampfphilosophie der 1990er Jahre. Damals standen das sogenannte Spin-Doctoring und vielfältige Medieninszenierung im Vordergrund. Dem Realen einen künstlichen Dreh zu geben, das war das ultimative Ziel. Die mediale Konstruktion eines Kandidaten zählte, nicht dessen faktisches Verhalten. Das funktioniert heute nur noch bedingt. Barack Obama wusste um diesen Trend.

Die Grenzen des Spins zeigten sich bereits im US-Präsidentschaftswahlkampf 2000. Al Gore trat als Kandidat der Demokratischen Partei gegen George W. Bush an. Bei Al Gore klaffte allerdings eine riesige Glaubwürdigkeitslücke zwischen seiner sozialen, kämpferischen Rhetorik und seinem professoralen, entrückten Auftreten. Mit seinen elitär wirkenden Ausführungen zum Potenzial des Internets oder zur Rettung der Sozialversicherung schien er den Wählern von oben herab rationale Lösungen anbieten zu wollen. Paul Kirchhoff lässt grüssen. Gores Medienberater versuchten daraufhin, ihn bewusster als emotional und menschelnd zu inszenieren. Sie verordneten ihm Hemden in weichen Erdtönen und innige Küsse auf der Bühne des Nominierungsparteitages mit seiner Frau Tipper. Die Folge der groß angelegten Image-Aktion: Gore verstärkte noch das Gefühl, künstlich und unauthentisch zu sein.

Die Menschen haben ein feines Gespür für Authentizität. Heute mag man es sich kaum noch vorstellen, aber George W. Bush wirkte neben Gore wie der glaubwürdigere Kandidat. Seine rhetorischen Schwächen, seine Herkunft, sein Auftreten passten zu seiner Botschaft des bodenständigen Amerikaners, der für einen mitfühlenden, lebensnahen Konservatismus eintrat.

Auch in Deutschland kennt man das Empfinden von echtem und unecht wirkendem Verhalten: So wie Echtheit oder Kalkül von Hillary Clintons Tränen in New Hampshire vehement diskutiert wurden, so wurde auch Gerhard Schröders mediale Liebeserklärung an seine Frau während des Kanzlerduells mit Angela Merkel im Sommer 2004 intensiv auf seine vermeintliche Authentizität hin diskutiert. Das Ergebnis? Die meisten Deutschen bewerteten die Liebeserklärung als echt, unterstrichen durch die aufrechte Körperhaltung und den direkten Blick in die Kamera. Authentizität muss sich also in jeder einzelnen Facette des Körpers widerspiegeln, um als solche wahrgenommen zu werden, liegt aber am Ende des Tages immer im Auge des Betrachters.

Doch genau dort lauert auch schon das Problem. Viele Politiker und Manager meinen, dass es ausreicht, Körpersprache und Rhetorik von Medienfachleuten überprüfen und optimieren zu lassen. Sie experimentieren mit Frisuren, Kleidung und Körperhaltung und vergessen dabei allzu oft, dass Authentizität von innen nach außen wirkt. Was im Inneren nicht existiert, kann im Äußeren nicht dauerhaft dargestellt werden. Eine Billion Körperzellen können nicht lügen. Kurzfristig ja, aber nicht auf Dauer. Da helfen dann auch keine hochprofessionell vorbereiteten Statements für Presse oder Publikum. Das Feingefühl der Menschen für das, was echt wirkt und was nicht, ist enorm.

Die Sehnsucht nach Echtheit und Ursprünglichkeit ist groß. Auf diesem Gefühl baute im Übrigen auch der Konzern Unilever seine mehrfach ausgezeichnete und enorm erfolgreiche „Initiative für wahre Schönheit" auf. Diese Kampagne für die Körperpflegemarke Dove brach mit gängigen Werbeklischees und machte Frauen zu Werbeträgern, die keine professionellen Models waren. Im Gegenteil: Sie hatten Kurven, Falten und graue Haare, bestachen aber durch ihr Selbstbewusstsein und ihren individuellen Begriff von Schönheit. Zudem stärkte Unilever mit der folgerichtigen Unterstützung des Frankfurter Zentrums für Essstörungen die Authentizität der Kampagne und die eigene Glaubwürdigkeit.

Auch der diesjährige US-Präsidentschaftswahlkampf zeigte, dass Kandidaten Erfolg haben, die den Wählern das Gefühl von Echtheit vermittelten. Beginnen wir mit John McCain. Erfolgreich hatte der politische Haudegen sein Markenzeichen des unabhängig denkenden Politikers kultiviert, der den Menschen klar und direkt kommunizierte, was er dachte und politisch wollte. *„Straight Talk"*, das war es, was sich der Veteran, der fünf Jahre Kriegsgefangenschaft in Nord-Vietnam überlebt hatte, selbstbewusst vorgenommen hatte.

Allerdings musste der Senator erfahren, wie schnell auch einem authentischen Kern der Gehalt entzogen werden kann. Als McCain im Jahr 2000 gegen George W. Bush in den Vorwahlkampf gezogen war, passte seine authentische und direkte Botschaft in die politische Landschaft. Bush galt als Kandidat des Establishments, McCain verkörperte dagegen den Tacheles redenden Underdog, der gegen die Machtmakler und Schönmaler im Lande angetreten war.

Diese Ausrichtung änderte er im Vorfeld der diesjährigen Präsidentschaftswahlen aber zunächst. Im Laufe der zweiten Amtszeit George W. Bushs versöhnte er sich mit seinem alten Rivalen, er machte Wahlkampf für ihn und gehörte zu seinen größten Unterstützern in Zeiten negativer Entwicklungen im Irak. Auch mit den Führern der konservativen Basis wie Jerry Falwell und Billy Graham, die McCain noch im Jahr 2000 als Agenten der Intoleranz bezeichnet hatte, versöhnte er sich öffentlichkeitswirksam.

Seinen Kampagnenstab füllte der Kandidat mit Lobbyisten und etablierten Beratern der Bush-Regierung. So saß der Senator aus Arizona zwar einer professionell gesteuerten Kampagne vor, verlor damit aber seine Ursprünglichkeit und Glaubwürdigkeit als unabhängiger Polithaudegen („Maverick"), die er sich über all die Jahre erworben hatte.

Kein Wunder, dass sich die Pressestimmen mehrten, die sich nach dem alten McCain sehnten und den neuen, unauthentischen Establishment-Kandidaten kritisierten.

Erst als seine Kandidatur im Sommer und Herbst des Jahres 2007 in den Niederungen der Umfragen angekommen war, als er seinen aufgeblähten Stab entlassen musste und aus der Position des Underdogs heraus Vorwahlkampf in New Hampshire und South Carolina machte, schien McCain seine Stimme wiedergefunden zu haben. Nach ersten Erfolgen der von ihm vehement eingeforderten Truppenaufstockung im Irak konnte sich McCain wieder als Mann der klaren Worte im Gedächtnis der Wähler verankern; als Mann, der gegen alle Umfragen und Trends eine Meinung verfochten hatte, die er im tiefsten Innern für richtig erachtete. Auch sein Mut, in Fragen der Wahlkampfreform, der Steuerpolitik oder der Stammzellenforschung unabhängig von der Partei abzustimmen, erschien in Zeiten großer Frustrationen mit der republikanischen Führung als Plus. McCain war wieder bei sich, er musste sich nicht verstellen, er ging seinen Weg. Das goutierten die Wähler.

Ganz anders erging es Hillary Clinton. Die ehemalige First Lady und erfolgreiche Senatorin aus New York hatte ein dauerhaftes Authentizitäts- und Glaubwürdigkeitsproblem. Erstens konnte sie im Laufe des Vorwahlkampfes nie den Eindruck vermeiden, dass es ihr mehr um ihre eigenen Ambitionen ging als um gute Politik für das Land. Wie Mark Mellman, Chefstratege John F. Kerrys im Wahlkampf 2004, uns im Gespräch mitteilte, warnt er Politiker gewöhnlich vor dieser Form der egozentrischen Verbissenheit mit einem Zitat aus dem Bergsteigerjargon. *„Don't hug the rock!"*, heißt es beim Klettern, was frei übersetzt werden kann mit: *„Klammere dich nicht zu sehr an ein bestimmtes Amt."* Um das zu starre Festhalten, den unbedingten Willen zur Macht, genau darum ging es oft, wenn Menschen ihr Unbehagen gegenüber Hillary Clinton äußerten.

In der Tat erschien Hillary vielen Wählern seit ihrer Zeit als First Lady zu ambitioniert und kalkulierend. Damals wollte sie unbedingt eine umfangreiche Gesundheitsreform durch den Kongress bringen, obwohl sie keine Mehrheiten hatte. Zudem hielt sie trotz aller Sexskandale zu ihrem Mann, nur um dem Paar die Macht im Weißen Haus zu erhalten. So zumindest lautete die Erklärung in weiten Teilen der Presse und der Bevölkerung, die übrigens nicht im Einklang zu stehen scheint mit der humorvollen, lockeren Art Hillary Clintons, die sie im privaten Kreise zeigen kann.

Zweitens verfolgte Hillary Clinton einen sehr sachlichen politischen Stil. Sie betonte ihre Erfahrung, ihre Kompetenz, ihre Führungsstärke. Es fehlte aber die Emotion, die Inspiration, jenes Gefühl, das Frauen gesellschaftlich immer noch stärker zugeordnet wird als Männern. Das hat sicherlich weniger mit Hillary selbst, sondern vielmehr mit der Wahrnehmung von Frauen in der Politik allgemein zu tun. Frauen, die sich um eine Führungsposition bewerben, geraten oft in diese Falle. Sie versuchen Emotionalität zu vermeiden, um nicht als „typisch weiblich" zu gelten. Deshalb kommt es oft zu einer Überkompensierung in Richtung Sachlichkeit und Führungsstärke. Frauen glauben oft stärker als Männer beweisen zu müssen, dass sie die nötige Härte und Stärke haben, eine führende gesellschaftliche Rolle einzunehmen. Das erhöht aber die Gefahr, dass sie als nicht weiblich, ergo nicht authentisch, wahrgenommen werden.

Ähnlich erging es Angela Merkel im vergangenen Bundestagswahlkampf. Auch sie setzte sehr stark auf Sachlichkeit und unprätentiöses Auftreten. Viele Wähler hatten deshalb Probleme, die wahre Frau Merkel hinter der Kandidatin zu erkennen. Diese Spannung löste sich erst auf, als die Bundeskanzlerin mit ihrer rational-argumentativen Art, Politik zu betreiben, Erfolge auf der internationalen Bühne feierte. Die Menschen merkten, dass diese Frau einfach so ist wie sie ist, auch wenn sich ihr Äußeres mit und nach der Kandidatur deutlich veränderte. Ihre hohen Zustimmungsraten in breiten Bevölkerungsschichten unterstreichen dies anschaulich.

Nicht so Hillary Clinton, die auch heute noch extrem polarisiert. Höchst loyale Unterstützer und Fans auf der einen Seite, hochemotionale Gegner, auch auf Seiten der Presse, auf der anderen Seite. In extremer Form erfuhr Hillary Clinton dies am eigenen Leib, als sie ihren heute bereits legendären emotionalen Moment am Vorabend der Wahlen in

New Hampshire hatte. Deprimiert von ihrer Niederlage in Iowa stiegen ihr als Reaktion auf eine mitfühlende Frage aus dem Publikum kurz die Tränen in die Augen. Die Medien starteten ihre Hillary-Debatte und spekulierten offen darüber, ob dies eine authentische Gefühlsregung oder eine kalkulierte Emotion für ihre weiblichen Wähler gewesen sei. Allein diese in der Tat höchst unfaire Debatte verdeutlichte Hillarys Problem. Ihr mangelte es an Glaubwürdigkeit. Die Außenwelt hatte Schwierigkeiten, die echte Hillary zu erkennen und einzuordnen. Sie versteckte sich zu sehr hinter den Attributen „Stärke" und „Erfahrung" („strength and experience").

Barack Obama lebte von Beginn seines Präsidentschaftswahlkampfes an von seiner enormen Authentizität. Seine Stärke war die glaubwürdige Verbindung von Botschaft, Person und Handeln, und wie kaum ein anderer Politiker verwob er seine Lebensgeschichte mit seinen zentralen Botschaften Einheit, Hoffung und Wandel.

Zum Thema *Einheit* (Unity): Obama konnte authentisch und glaubwürdig über dieses Thema sprechen, stellte er diese Botschaft doch aus sich selbst heraus dar. Er hatte viele Gräben in der amerikanischen Gesellschaft überbrückt, in unterschiedlichen Sphären und Segmenten des Landes gelebt. Am deutlichsten und eindrucksvollsten symbolisierte Obama das Thema Einheit aber durch seine Hautfarbe. Die größte Trennlinie durch die amerikanische Gesellschaft verläuft heute immer noch zwischen schwarzen und weißen Bevölkerungsteilen. Auch 40 Jahre nach den Erfolgen der Bürgerrechtsbewegung gibt es extreme kulturelle, materielle und mentale Distanzen zwischen Afroamerikanern und Weißen. Offensichtlich wird dieser Graben in vielen US-Metropolen, sogar im finanziell gut gestellten Washington D.C., wo die Ghettos der schwarzen Stadtbewohner nur wenige Meilen von den Regierungsgebäuden und den Vororten des weißen Amerika entfernt sind. Für viele Menschen repräsentierte Barack Obama die Überwindung dieses gesellschaftlichen Grabens. Natürlich diskutierten viele Schwarze darüber, ob der junge Senator *„black enough"* sei. In der Tat gehört er als Kind einer weißen Mutter aus Kansas und einem schwarzen Austauschstudenten aus Kenia nicht zu dem Teil der afroamerikanischen Bevölkerung, deren Geschichte und Bewusstsein sich aus der Zeit der Sklaverei ableitet.

Diese Tatsache half Obama aber auch, weil er sich glaubwürdiger als Kandidat des vereinigten Amerika darstellen konnte. Der positive Grundton seiner Kampagne erzeugte Glaubwürdigkeit, weil er sich perfekt einpasste in das Oberthema *Unity*. Barack Obama plante seinen Wahlkampf von Beginn an als Kontrast zum üblichen Negativwahlkampf. Immer wieder gab er seinem Team die Richtung vor, die da hieß: Wir kontrastieren unsere Inhalte mit denen der anderen Kandidaten, verzichten jedoch auf jegliche persönliche Attacke. Diese „Gutmenschen"-Kampagne knüpfte nahtlos an die harmonische Kampagnenbotschaft Obamas an, auch wenn sie in den heißen Phasen des Wahlkampfes nicht immer so leicht einzuhalten war. Allerdings zeigen Studien der Campaign Media Analysis Group (CMAG), einem Analystenteam für politische Wahlwerbung, dass fast 90 Prozent der TV-Spots Obamas im Vorwahlkampf einen positiven Ton hatten. Eine Seltenheit in den USA, in der Negativität elementarer Bestandteil des Wahlkampfgeschäfts ist.

Mit seiner Herkunft und seinem Werdegang symbolisierte Obama auch den Begriff *„Hoffnung"* (Hope) auf eine eindringliche Weise. Gerne betonte er, dass sein Aufstieg zum Präsidentschaftskandidaten der Demokratischen Partei eine Geschichte der Hoffnung auf Fortschritt und ein besseres Leben symbolisierte. So rief er nach seinem Schlüsselsieg in der Vorwahl in Iowa in die Menge: *„Sie haben gesagt, dass dieser Tag nicht mehr kommen werde, [...] aber in dieser Januarnacht, in diesem geschichtsträchtigen Moment, habt ihr das geschafft, was die Zyniker uns nicht zugetraut haben."* Obamas Weg vom kleinen schwarzen Jungen einer allein erziehenden weißen Mutter an die Spitze seiner Partei (oder gar des Landes) symbolisierte auf eine unglaublich authentische Weise den amerikanischen Traum, der in dem Begriff der Hoffnung immer implizit mitschwang. Erst kürzlich hatte Obama seine Schulden aus der Studentenzeit zurückgezahlt, jetzt stand er bereit, das Land in eine bessere Zukunft zu führen.

Auch seine Jugendlichkeit repräsentierte die Hoffnungs- und Zukunftsorientierung der Kampagne. Obamas Sprache, sein Auftreten und sein Habitus zeigten gerade den jüngeren Wählern und Aktivisten, dass dort ein Kandidat antrat, der die Lebenswelt der Nachwuchsgeneration verstand, weil er sie teilte. Das *„yo"* am Anfang von Wortbeiträgen während seiner Debatten mit Hillary Clinton; die Begrüßung zwischen Obama und seiner Frau, die sich auf der Bühne gerne mit den Fäusten anbufften; seine Technikbegeisterung für iPods und Blackberrys; seine Vorliebe für HipHop und R&B; das alles waren kleine, aber gewichtige Signale an die Wähler, die nicht aufgesetzt wirkten wie bei Al Gore, sondern deutlich machten, dass Obama ein authentischer junger Kandidat ist, der die Zukunft des Landes glaubwürdig repräsentieren kann.

Schließlich bildete auch der Überbegriff *Change* eine Einheit mit der Person Obama. Der junge Senator war angetreten, um den nötigen Politikwechsel im Lande voranzutreiben. Er wollte nicht auf den üblichen Pfaden der Washingtoner Eliten wandeln, sondern stilisierte sich als Kandidat, der sich absetzt von der üblichen Polit-Kaste. In der Tat repräsentierte Obama einen anderen Politikertypus. Schon sein Auftreten machte deutlich, dass er die perfekte Antithese zu Präsident George W. Bush darstellte. Er war nicht weiß, nicht grauhaarig, hatte keinen Südstaatenakzent und keinen überbetont männlichen Gang. Seine Eloquenz und sein Scharfsinn setzten ihn zudem deutlich ab vom oft ungelenk wirkenden Bush.

Auch Obamas Lebensweg deutete an, dass er kein klassischer Berufspolitiker war. Er hatte zahlreiche Erfahrungen außerhalb der politischen Welt gemacht, bevor er sich entschied, öffentliche Ämter anzustreben. Obamas Geschichte belegt, dass er den Fels nicht umklammert. Auch wenn bei ihm natürlich eine enorme Portion Ehrgeiz an jedem Punkt seiner politischen Karriere festzustellen ist, so machte er nie den Eindruck, als ob er sein ganzes Leben auf den Einzug in das Haus an der Pennsylvania Avenue 1600 ausgerichtet hätte.

Wandel verkörperte der Politnovize aber auch durch einen neuartigen Kampagnenstil. Von Anfang an plante Obama seinen Wahlkampf als Bottom-Up-Kampagne, die die Energie von (meist jungen) Freiwilligen mit den modernsten Methoden des Basiswahlkampfes verschmelzen wollte. Er scharte eine innovative Mannschaft von Grassroots-Spezialisten um sich, die so konsequent wie nie zuvor auf die virale Kraft des Internets und die Macht des Dialogmarketings setzte. Das verlieh ihm schnell die Aura des großen Innovatoren dieser Wahlkampfsaison.

Auch wenn Barack Obama die zwei Dimensionen von Authentizität, also Echtheit und Konsistenz, sehr gut verkörperte, so gab es durchaus Momente in seiner Kampagne, wo er die Kongruenz zwischen Schein und Sein nicht aufrecht erhalten konnte.

Die Berichte über seine Verbindungen zum polarisierenden Pastor Jeremiah Wright und dem ehemaligen links-autonomen Untergrundkämpfer Bill Ayres konterkarierten sein Bild des einenden Kandidaten, der seinen Platz fest in der Mitte der Gesellschaft hatte. Wright, langjähriger Pastor der Obama-Familie, hatte in mehreren Predigten die Lebensumstände der Schwarzen mit drastischen Worten kritisiert und den USA offenherzig die Verdammung gewünscht. Ayres, mittlerweile Universitätsprofessor an der *University of Chicago*, hatte in den 1960er Jahren als Teil der Gruppe *Weather Underground* versucht, Regierungsgebäude – allen voran das Pentagon – in die Luft zu sprengen. Bis heute hat er sich offiziell nicht von seinen Taten distanziert. Die Gefahr, dass diese engen Kontakte auch auf Obamas Botschaft von Einheit und Versöhnung abfärbten, war groß.

Barack Obamas Fokus auf den Einbezug der Gesellschaft in seine Kampagne, sein Verständnis von Offenheit und Basisorientierung, gerieten zunehmend mit seiner Inszenierung als politischer Superstar in Konflikt. Als dieser Superstar begeisterte er zwar Tausende von Menschen mit seinen Wahlkampfreden, erschien durch diese Massenveranstaltungen aber unwirklich und entrückt vom normalen Wähler. Dieses Bild wurde noch verstärkt von seinen elitären Aussagen über Kleinstadtwähler in Pennsylvania, die sich laut Obama aus Verbitterung über ihre ökonomische Situation an Waffen und Religion orientierten und deshalb noch nicht den Weg zu ihren natürlichen Interessenvertretern in Form der Demokratischen Partei gefunden hatten. Dieses Attest über ein falsches Bewusstsein des konservativen kleinen Mannes zeigte Obama ebenso abgehoben wie die von ihm kritisierte Elite in Washington D.C.

Interessanterweise antwortete Obama auf diese Inkonsistenzen und Anschuldigungen nicht mit einer Gegenattacke, sondern mit dem authentischsten aller Mittel: mit sich selbst. Barack Obama war so überzeugt von der Glaubwürdigkeit seiner Person, dass er es vorzog, die

Wright-Kontroverse nicht mit Spin-Doctoring und einem medialem Powerplay gegen die schreibende Zunft zu beenden, sondern mit einer persönlichen Rede über die komplexen Rassenbeziehungen in den USA. In dieser Rede benutzte er explizit seine eigene Lebensgeschichte als beispielhaften Ausblick in eine bessere, lebensweltlich integrierte Zukunft des Landes. Auch die Anschuldigungen, er sei elitär, konterte Obama, indem er seine Herkunft und seinen Aufstieg aus kleinen Verhältnissen betonte. Zudem schränkte er die Zahl der Hyper-Events wie in Denver oder Berlin zunehmend ein, um sich mit Wählern in kleineren Kreisen wie Schulen, Krankenhäusern oder Kasernen zu treffen. Obama verdeutlichte eindringlich, dass es die oberste Prämisse der Kommunikation sein muss, die eigene Glaubwürdigkeit zu wahren.

Authentische Momente zu schaffen, dass war die erklärte Aufgabe des Team Obama. Steve Stenberg, Partner in Obamas Direct-Mail-Firma *The Strategy Group*, erklärte beispielsweise in einem Meeting in Washington, dass der Kandidat schon frühzeitig sehr viel Wert darauf gelegt hatte, lebensnah und ungestellt auf seinen Wahlkampftouren fotografiert zu werden. In der Tat beinhaltete das große Fotoarchiv kaum künstlich wirkende Fotos von Obama. Fast immer wird er auf Direct Mailings in Interaktion mit Menschen dargestellt, selten frontal in die Kamera schauend.

Quelle: Mailings der Obama-Kampagne

Als Geschichtsdokumentation in Echtzeit ist auch die Leistung von Barack Obamas Videoteam zu bewerten. Eine Gruppe von über 50 Mitarbeitern arbeitete daran, den Kandidaten aus der richtigen Perspektive heraus zu filmen. Arun Chaudhary ist Leiter der Video-Produktion für die Obama-Kampagne. Der außerordentliche Professor für Film an der New York University sorgte dafür, dass mittels Kameraeinstellung und Montage Obama meist mit den Augen der Basis gesehen werden konnte. Sein New-Media-Team produzierte Videos von öffentlichen Veranstaltungen, über Einzelinterviews bis hin zu Aufnahmen, die den Betrachter hinter die Kulissen der Kampagne führten. Die Mitarbeiter Chaudarys drehten Obamas Auftritte und Gespräche stets aus verschiedenen Winkeln. Bewusst ruckelten und wackelten die Bilder ein bisschen. Obama wird kaum von vorne gezeigt, er ist zumeist im Profil zu sehen, immer als Teil des Ganzen. Ein ähnliches Format wählte Oscar-Regisseur Davis Guggenheim für seinen Film über die Lebensgeschichte Obamas, der auf dem Nominierungsparteitag in Denver Premiere hatte. Guggenheim benutzte bewusst authentische Videoaufnahmen des Kandidaten, die auf einer seiner Wahlkampftouren durch Montana entstanden waren.

Diese kreativen Filme konnten nicht nur für Fernsehspots eingesetzt werden, sondern sie belebten auch das Internetportal *www.barack-obama.com* und den eigenen YouTube-Kanal. In der Tat nutzte Obama das Internet perfekt für eine wohl dosierte Inszenierung von Authentizität. Er machte nicht den Fehler, das neue Medium in Zeiten des Web 2.0 als bloße Fortsetzung des Fernsehens mit anderen Mitteln zu betrachten. Inhaltsschwere Politikeransprachen direkt in die Kamera, womöglich in steriler Umgebung, hinter dem Schreibtisch oder vor einer austauschbaren weißen Wand passen weder zu Obama noch zu einem Medium, das zu Offenheit und Teilhabe einlädt und sich absetzt von der Einbahnstraßenkommunikation des Fernsehzeitalters.

Nicht zuletzt war es auch Obamas Stab von jungen Redenschreibern, der für die richtige Sprache des Kandidaten sorgte, der den richtigen Ton zwischen übertriebener Jugendlichkeit und aufgesetztem Establishment traf und somit authentisch wirkte. In der Tat entdeckte Obama die unmittelbarste und glaubwürdigste Form der Kommunikation in Form der freien Rede wieder. Mit klassischer Rhetorik und der Kraft seiner Persönlichkeit wirkte er direkter als andere Kandidaten auf die Wähler ein, er versteckte sich nicht hinter austauschbaren 30-Sekunden-Schnipseln und langweiligen, immer wieder vorgetragenen Einzeilern. Direkte und lebensechte Kommunikation mit den Bürgern, das war nicht nur für Barack Obama die beste Möglichkeit, Authentizität und Glaubwürdigkeit herzustellen. In den nächsten Kapiteln wird deutlich werden, wie er es medial schaffte, einen unmittelbaren, authentischen Dialog mit den Menschen einzugehen, der ihn ungefilterter und lebensnaher machte als das klassische, entrückte Fernsehen. Die Lösung hierfür waren die modernen Instrumente des Direkt- und Dialogmarketing.

Authentizität siegt heute über bloße mediale Verpackung und Inszenierung. Authentisch zu sein schafft Glaubwürdigkeit und Vertrauen bei Wählern und Konsumenten, es bekämpft Zynismus gegenüber Politik und Wirtschaft. Echtheit und Konsistenz sind heute wichtiger denn je, gerade in Zeiten von Misstrauen und einer unübersichtlicher werdenden Medienwelt. Kommunizieren Sie deshalb so klar, direkt und transparent wie möglich!

Meine Notizen und Ideen zum Thema:

Strategie 3:
Sinn machen und Sinn stiften –
Narration und Emotion

Emotionen sind der Schlüssel zur Seele. Ohne Emotionen gibt es keinen Kommunikationserfolg. So simpel diese Aussagen auch sind, so treffend beschreiben sie einen der Schlüsselfaktoren für Barack Obamas Aufstieg. In der Tat vermochte es der junge Senator virtuos, seinen Wahlkampf in eine übergeordnete, emotionale Erzählung zu kleiden, die bei Wählern und Sympathisanten ein eindringliches Gefühl der Sinnstiftung erzeugte. Die Kampagne vermittelte stets den Eindruck, sie sei weit mehr als nur die rationale Präsentation sachpolitischer Programmpunkte und Fakten. Obama zielte mit seiner Sprache, mit seinen Gesten und mit seinen minutiös geplanten Auftritten zudem offen darauf ab, Gefühle bei seinen Zuhörern zu wecken, und zwar motivierende. Sein Ansatz war es, eine positive Stimmung zu erzeugen, die große Vision von einem neuen, veränderten Amerika zu vermitteln, um damit zu unterstreichen, dass es ihm um ein höheres Ziel als seinen eigenen politischen Erfolg ging. Das Wichtigste dabei: Jeder Zuhörer bekam das Gefühl, dass dieses veränderte Amerika möglich war, und dass jeder einzelne persönlich dazu beitragen konnte.

Für europäische Betrachter erscheint eine solche Art der Wahlkampfführung sehr befremdlich Legendär ist bei uns der Ausspruch von Alt-Bundeskanzler Helmut Schmidt, der unnachahmlich trocken zu Protokoll gab, dass jemand, der Visionen habe, doch zum Arzt gehen möge. Dieses Zitat spiegelt eine Einstellung gegenüber Politik und öffentlicher Sphäre wider, die sich gegen jede gesteigerte Form der Emotionalisierung wehrt. Ratio statt Emotion, das ist die Maxime, der bis heute viele Politiker und Unternehmer folgen. In der Werbung - insbesondere in der politischen - sieht es nicht anders aus. Es wird davon ausgegangen, dass Fakten und rationale Argumente überzeugen müssen und können. Gefühlen wird in Deutschland deutlich weniger Platz im öffentlichen Raum gegeben, weil sie oft als flach, populistisch und unprofessionell wahrgenommen werden. Dabei sind sie es, die dafür sorgen, dass Botschaften in der täglichen Informationsflut überhaupt beim Menschen ankommen. Ob Konsument oder Wähler, die Menschen leben in einer Multi-Optionsgesellschaft, in der sie tagein tagaus, Stunde um Stunde, Minute um Minute Auswahlentscheidungen fällen müssen. Ständig müssen Fragen wie *„Wem höre ich zu? Was lese ich? Wo schalte ich hin?"* beantwortet werden, und Gefühle helfen bei diesen Entscheidungen. Sie geben in einer komplexen Welt wertvolle Orientierung. Leider überwiegen in Deutschland in puncto Politik meist die negativen Gefühle. Bestenfalls begegnen Wähler Politikern emotional neutral. Meist herrscht aber Misstrauen oder eine negative Grundeinstellung vor.

Diese Einstellung gibt eine Umfrage des Meinungsforschungsinstituts dimap im Auftrag von ProDialog aus dem Jahr 2006 wider. 51 Prozent der Bundesbürger erklärten sich mit der Praxis des demokratischen Systems in Deutschland unzufrieden. In den neuen Bundesländern stieg dieser Wert sogar auf 66 Prozent. Offen ärgerten sich die Befragten darüber, dass Politiker ihre Versprechen nicht hielten und primär an der Erhaltung ihrer Macht und ihrer Privilegien interessiert seien. In der Wirtschaft stellt sich diese Situation leider nicht deutlich anders dar: Nach einer Studie der PR-Firma Edelmann vertrauen nur 31 Prozent der Deutschen und 28 Prozent der Franzosen ihren Unternehmen. Auch das Image der Manager hat in den letzten Jahren deutlich an Vertrauen und gesellschaftlicher Anerkennung eingebüßt.

Unter dem Strich tun sich Unternehmen allerdings leichter im Umgang mit Emotionen als Politiker. Marken wie Apple, Harley Davidson und Mini haben die Emotion bereits als positive Unterstützer ihrer Botschaften erkannt. Diese sogenannten *love marks* zeigen anschaulich, welchen Wert Emotion für ein Produkt besitzen kann. Ihre Fans kaufen sie nicht nur höchst loyal und verteidigen sie im Freundeskreis gegen Wettbewerber, sie empfehlen sie weiter und setzen sich, wenn die Möglichkeit besteht, auch für sie ein. Ob sie Seifenkisten bei Red Bull bauen oder Geld für Barack Obama generieren, der Anstoß dafür ist eine positive Emotion. Und dass Gefühle – allen Unkenrufen von Populismus und Naivität zum Trotz – auch in der Politik erfolgreich wirken können, das hat der Aufstieg Barack Obamas eindrucksvoll bewiesen.

Manche Leser, so auch etliche Kunden von mir, werden jetzt sagen, dass in Deutschland eine andere politische und soziale Kultur vorherrscht, dass so etwas hierzulande nicht funktionieren würde. Ich kann die Bedenken nachvollziehen, teile sie aber nicht. Natürlich sind wir in Deutschland aufgrund der Erfahrungen mit der Nazi-Diktatur extrem sensibel und vorsichtig, wenn es um Emotionen und Gefühle, um Massenbegeisterung und simplifizierende Botschaften in der öffentlichen Sphäre geht. Das ist auch gut so, es darf aber nicht zum Hemmnis für zukünftige gesellschaftliche Veränderungen werden. Denn heute gerät unsere oberste Maxime des Rationalen schon zum Paradox.

Einerseits wird von Parteien, Wirtschaftsführern oder Gewerkschaftern verlangt, ihre ideologischen Überzeugungen beiseite schieben zu können, um sich in der Sache zu einigen. Andererseits ist es oft aber erst die Emotion, das pointierte Argument, die verdichtete Sicht auf die Dinge, die Menschen dazu motiviert, sich zu engagieren oder ihre kostbare Zeit für ein ehrenamtliches Engagement bereit zu stellen. Selten stimulieren die Menschen reine Fakten oder komplexe Sachentscheidungen, mögen sie noch so wichtig in ihrer Konsequenz sein. Erst der emotional aufgeladene Kontext, die eindringliche Erzählung, die Nähe zum Alltag erzeugen Engagement, Interesse und Wahrnehmung.

Viele gemeinnützige Organisationen wissen das nur zu gut und haben im Lauf der Jahre gelernt, Emotion richtig zu dosieren und sie wirkungsvoll einzusetzen. Ein Meister dieser Strategie ist Greenpeace. Die Umweltschützer wissen nicht nur um die Wirkung von Emotionen, sie setzen auch die Macht emotionaler Bilder hochprofessionell ein. Das Ergebnis: Jeder erinnert das Greenpeace-Schlauchboot, das sich auf hoher See wagemutig zwischen die Harpune und den Walfisch schiebt. Die Emotionen werden hier klar zwischen gut und böse verteilt. Und je intensiver der Betrachter dieses Bild erlebt, desto höher ist seine Spendenbereitschaft. Mobilisierung, Emotionalisierung und Inszenierung, Greenpeace beherrscht diese drei „Disziplinen" perfekt. Ihr großer Erfolg gibt ihnen nicht nur Recht, sondern sollte auch mehr Unternehmen und Parteien zur Frage veranlassen: *„Was können wir davon lernen?"*

Die moderne Hirnforschung weiß um den Wert von Emotionen. In dem Buch *„The Political Brain. The Role of Emotion in Deciding the Fate of the Nation"* beschrieb der Neuropsychologe Drew Westen, wie das menschliche Gehirn Informationen aufnimmt und verarbeitet. Dabei räumt er mit der Vorstellung auf, dass Menschen rational denkende und handelnde Wesen seien, die ihre Entscheidungen auf der Basis von Kosten- und Nutzenabwägungen treffen. Seine Kernaussage: Es gibt keine Kognition ohne Emotion. Gefühle sind der wahre Kompass, mit dem sich die Menschen durch die Welt bewegen. Zwar suggeriert das Gehirn dem Menschen, er hätte seine Entscheidung rational abgewogen. In Wirklichkeit ist jede Wahrnehmung aber ein Zusammenspiel aus nüchterner Informationsverarbeitung im präfrontalen Cortex und emotionalen Bewertungen des limbischen Systems, das für die Verarbeitung von Gefühlen zuständig ist.

Auch politische Informationen sind nicht als rein sachliche Begriffe in den Köpfen der Menschen existent. Der Begriff „Sozialdemokrat" oder „Liberaler" wird nicht nur als ebendieser Begriff im Kopf abgespeichert. Nimmt das Gehirn eine Information auf, wird jedes Mal ein komplex verknüpftes Muster von Gedanken, Gefühlen und Ideen um den gehörten Begriff oder das gesehene Bild herum aktiviert.

Man kann sich diesen Prozess wie einen Stein vorstellen, der ins Wasser fällt und kreisförmige Wellen schlägt. Informationen werden also stets latent mit individuellen emotionalen Erfahrungen verbunden, die im Laufe eines Lebens gemacht wurden, ohne dass der Mensch davon etwas bewusst mitbekommen hätte.

Oft reicht nur ein Symbol oder eine Geste, im wissenschaftlichen Jargon ein sogenannter *informational shortcut*, um ein dahinter liegendes Netzwerk von verknüpften Assoziationen und Emotionen zu aktivieren. Eine neue Untersuchung des deutschen Sozialpsychologen Bertram Gawronski und seiner italienischen Kollegin Silvia Galdi bestätigte die Wirkungskraft der Intuition und des Unterbewussten. Sie führten eine Feldstudie im italienischen Städtchen Vicenza durch, dessen US-Militärstützpunkt ausgebaut werden sollte. Dieser Ausbau wurde in der Gemeinde intensiv diskutiert. Für ihren Test suchten sich die

Wissenschaftler eine repräsentative Zahl von noch unentschlossenen Bürgern aus, denen sie Bilder vom US-Stützpunkt zeigten, um Sekunden danach deren positive und negative Gefühle zu erfragen. Gawronski und Galdi konnten aufdecken, dass das Betrachten der Bilder bereits ausreichte, um unbewusst Überzeugungen zu bilden, sogenannte automatische Assoziationen. Die Konsequenz: Viele Bürger erschienen zwar unentschlossen, hatten sich aber gefühlsmäßig bereits für oder gegen den Ausbau der Militärbasis entschieden.

Die Konsequenz für Politik und Wirtschaft: Einsicht. Kaum ein Wähler liest vor dem Urnengang Wahlprogramme und wägt die einzelnen Positionen rational gegeneinander ab. Kaum ein Konsument prüft vor dem Kauf alle verfügbaren Informationen über ein Produkt. Letztendlich verlassen sich die Menschen bei den meisten Entscheidungen auf ihr Bauchgefühl und – ganz unterbewusst – auf ihre assoziativ und individuell verknüpften Neuronalnetzwerke.

Deswegen muss die emotionale Agenda von Wählern wie Konsumenten viel intensiver als bisher in den Blick genommen werden. Die Quintessenz der Aussagen des Neuropsychologen Westen können so übersetzt werden: *„Menschen entscheiden sich für Kandidaten und Produkte, die die richtigen Gefühle wecken und nicht für diejenigen, die die besten Argumente haben."* Es geht im Kern also um ein Management von Gefühlen, nicht um das reine Management von Fakten und Informationen.

Diese Strategie beherrschte Barack Obama perfekt. Seine Kampagne wandte ein sogenanntes Trickle-Down-Konzept an. Am Anfang stand eine emotional eindringliche, kohärente Erzählung, die positive Assoziationen aktivierte oder gar schuf. Sie war das Fundament, in das die anderen Elemente der Kampagnen einsinken konnten. Themen und Sachfragen waren wichtig, sie stellten aber nur den Teil einer größeren Geschichte dar, die sich wie ein Mantel um seine Kampagne legte.

Obama erfuhr viel Häme und Kritik von Seiten Hillary Clintons und John McCains – aber auch vieler amerikanischer und deutscher Kommentatoren –, weil er sehr lange an den narrativen Begriffen *Unity, Hope* und *Change* – Einheit, Hoffnung und Wandel festhielt, ohne sein politisches Programm im Einzelnen vorzustellen. In der Tat fühlte man sich als regelmäßiger Zuhörer von Obamas Reden fast schon intellektuell unterfordert. In der Art eines politischen Wiederkäuers benutzte er seine wohl gewählten Schlagwörter als rhetorische Stütze für seine Auftritte.

Die Vorteile seiner Strategie lagen aber auf der Hand. Kampagnenmacher und Journalisten, die sich täglich mit Politik und PR beschäftigen, vergessen oft, dass es in Zeiten einer unübersichtlichen Medienlandschaft und extrem kurzer Aufmerksamkeitsspannen der Bürger zuallererst auf die Wiederholung der Kernbotschaft ankommt. Sie dient als unschätzbar wichtiges Fundament, von dem aus sich die weitere Kampagnenführung und PR entwickeln kann. Das mag die Profis langweilen, für die Mehrzahl der gering politisierten Wähler ist es dagegen notwendig.

Vor dem Hintergrund dieses Wissens ist es erstaunlich, welche Politiker- und Managertypen viele Staaten der westlichen Welt heute immer noch maßgeblich hervorbringen. Sie sind höchst funktionale Menschen, die vor allem logisch und rational agieren. Viele dieser Entscheider haben ein Charaktermerkmal entwickelt, das Wissenschaftler gerne als Strategie der emotionalen Vermeidung bezeichnen. Sie zeigen kaum Emotionen und verweigern das in jedem Menschen existente Bedürfnis nach Zuneigung und Unterstützung. Sie zeigen kaum Zeichen der Schwäche und lieben rationale Argumente, sind jedoch sehr sensibel für Machtdynamiken.

Ebendiese Eigenschaften sind zwar mitentscheidend, um an die Spitze einer Organisation zu gelangen, für die erfolgreiche Kommunikation mit der Öffentlichkeit von heute sind sie aber wenig geeignet. Diese Führungskräfte sind häufig nicht in der Lage, auf einer emotionaleren, weniger sachdominierten Ebene mit Menschen zu kommunizieren und sie in einer Form anzusprechen, die den mentalen und emotionalen Voraussetzungen der Menschen entspricht. Viele Pressekonferenzen und TV-Statements von Managern wie Politikern unterstreichen anschaulich, was hier gemeint ist.

Auch im vergangenen Bundestagswahlkampf war dieses Problem offensichtlich. Die CDU – allen voran ihre Spitzenkandidatin Angela

Merkel – sprach sich zwar sachlich und argumentativ für den Wechsel in Deutschland aus, es fehlte ihr aber an einer emotionalen, übergeordneten Botschaft nach dem Motto: *„Wir schaffen ein zweites Wirtschaftswunder in Deutschland. Dafür kämpfen wir gemeinsam".* Das CDU-Programm hatte hingegen den wenig aussagekräftigen Titel: *„Deutschlands Chancen nutzen".* Die Kürzung der Pendlerpauschale stand dort ohne narrativen Überbau neben Mehrwertsteuererhöhung und Bürokratieabbau. Zusätzlich propagierte Paul Kirchhof im Wahlkampf eine verwirrende *flat tax.* Die regierende SPD machte derweil einen emotionalen Oppositionswahlkampf gegen die (vermeintlich) sozial kalte Union und den Professor aus Heidelberg. Dies führte in 2004 zu einem für viele unerwarteten Wahlergebnis, nämlich zur Bildung einer Großen Koalition.

Die bisherigen Ausführungen mögen manchen erschrecken. Eine Welt, in der es weniger auf sachliche Argumente ankommt, als auf die beste Strategie der Gefühlsaktivierung, erscheint kaum erstrebenswert. Doch langsam: Natürlich sind Fachkompetenz und Sachkenntnis im täglichen Politik- und Wirtschaftsleben weiterhin unerlässlich. Denn ohne sie kann auch die beste Kommunikation nichts ausrichten. Einem Politiker, der keine komplexen Zusammenhänge erfassen kann und im politischen Klein-Klein scheitert oder einem Produkt mit offensichtlichen technischen Schwächen hilft auch jede noch so emotionale Ansprache nichts. Im Gegenteil. Erst wenn die nötige Kompetenz und Qualität vorhanden ist, um auf dem politischen oder ökonomischen Markt zu bestehen, macht Kommunikation Sinn. Ideal ist es aber, wenn die Kommunikation geschickt vom eigenen Produkt gelöst werden kann.

Obama praktizierte diese Strategie vorbildhaft. Er machte nicht den Fehler, einzelne Positionen und Programmpunkte eins zu eins in den Wahlkampf zu übertragen. Er blieb nicht auf der Sachebene verhaftet, sondern wählte bewusst einen breiten narrativen Rahmen, um emotionale Sinnstiftung zu betreiben. Sein Programm war interessanterweise sehr detailliert. Obama beschäftigte einen großen Beraterstab, allein in außenpolitischen Fragen berieten ihn fast 300 Experten. Zu einer Vielzahl von Punkten hatte er tiefgründiger ausformulierte Positionen als viele andere Kandidaten, so etwa zu den Themen Krankenversicherung,

Energiepolitik oder Steuerreform. Dennoch koppelte er die Sphäre der *politics* (des Wahlkampfes) bewusst von der Sphäre der *policy* (der Inhalte, des späteren Regierungshandelns) ab. Als oberste Maxime für kommunizierte Programmpunkte galt bei ihm, dass sie sich in die übergeordnete Erzählung der Kampagne einfügten. Sie waren ein Teil des Wahlkampfes, nicht dessen oberste Ratio. Barack Obama wusste: Will man Menschen von der Qualität seines Produkts überzeugen, so ist es zwar schön, dessen Vorzüge rational, sachlich und detailreich zu begründen. Klüger und vor allem erfolgreicher ist es aber, eine eindringliche, emotional verdichtete Erzählung um das Produkt zu schaffen. Das mag zwar irrational, flach und simpel erscheinen, die Realität bestätigt aber den Erfolg dieser Strategie.

Die Demokratische Partei in den USA war vor der Kandidatur Barack Obamas übrigens ein Paradebeispiel für die Nicht-Beachtung dieser Strategie. Zwar vermochte es Bill Clinton in den 1990er Jahren kurzzeitig, die Wähler mit einer emotionalen Botschaft anzusprechen. Insgesamt setzte die Partei aber – vor allem mit ihren Präsidentschaftskandidaten der frühen 2000er Jahre Al Gore und John Kerry – auf das rational bessere Argument gegenüber den Republikanern. Sie vermied es, Werte und Emotionen in den Mittelpunkt zu stellen. Ihre Politik sollte sich den Bürgern von selbst erklären. Die Konsequenz: Wahljahr für Wahljahr wunderten sich die Demokraten, warum Arbeiter und untere Mittelschicht in Ohio oder West Virginia nicht für die Partei stimmten, die ihnen den größten ökonomischen Nutzen bringen würde. Sie gaben ihre Stimme für das kulturell konservative Pendant ab, das zwar marktliberal auftrat, zu dem sie sich aber aufgrund ihrer Werte und ihres Lebensstils hingezogen fühlten. In auffällig hohen Zahlen wählten diese bis heute als *Reagan Democrats* bezeichneten Wähler entlang ihrer kulturellen Orientierung und nicht nach der Fülle (oder Leere) ihres Portemonnaies.

Diese Entwicklung hat in der Tat viel mit Ronald Reagan zu tun. Er war es, der durch seine Rhetorik und sein Auftreten Emotionen zurück in die Republikanische Partei brachte. Seine Art zu kommunizieren, in Metaphern zu sprechen, Themen in eindringliche Narrationen zu kleiden, war es, die bei vielen kulturell konservativen Wechselwählern positive Assoziationen schuf. Kritiker werden sagen, dass sein ehemaliger Beruf, der des Schauspielers, Reagan hier zu Gute kam, faktisch aber gelang es ihm ein emotionales Vertrauen, ein Gefühl der Sicherheit und Werteorientierung bei vielen Amerikanern zu erzeugen, das sich nicht direkt aus seinem Programm ergab, sondern aus der Emotion, die er vermittelte. Reagan gilt übrigens auch heute noch, 20 Jahre nach dem Ende seiner Amtszeit, als einer der beliebtesten US-Präsidenten.

Ähnlich verfuhr auch George W. Bush in seinem Wahlkampf gegen Al Gore. Bush war kein versierter Sachpolitiker. Aber seine Art, abstrakte Themen auf eine eindringliche, narrative Struktur herunter zu brechen, machte dieses Manko wett. Gerade gegen den allzu sachlich und oberlehrerhaft wirkenden Al Gore konnte Bush mit seiner bodenständigen, gefühlsbetonten Kommunikation punkten. So verlor ein Vizepräsident Gore die Wahl, der zusammen mit Bill Clinton über ein erstaunliches Wirtschaftswachstum präsidiert und die Neuverschuldung auf Null gedrückt hatte. Es zeigte sich einmal mehr: Nackte Zahlen machen noch keinen Wahlsieger.

Auch Hillary Clinton reihte sich nahtlos in die demokratische Riege der „Emotionsvermeider" ein. Seit ihrer Zeit im Weißen Haus galt sie als sachlich, rational und machtbewusst, als eine Art natürliche Antithese zu ihrem charismatischen Mann Bill. Das Problem: Hillary unternahm wenig gegen diesen Eindruck. Sie verstärkte ihn sogar noch. Ihr Wahlkampf ist ein typisches Beispiel für einen themenzentrierten Kopfwahlkampf, der es – gerade in der Anfangsphase – nur selten vermochte, die Herzen der Wähler für sich zu gewinnen.

Hillary Clinton positionierte sich im Wahlkampf als versierte Sachpolitikerin mit internationaler und innenpolitischer Erfahrung. Sie bot für jedes politische Problem eine Sachlösung an. Sie pries ihr umfangreiches Programm, ihre spezifischen Detaillösungen an und auch wenn sie sich später im Vorwahlkampf stärker als Kämpferin für die Interessen der kleinen Leute darstellte und auch ihre Familie stärker in die Kampagne einbezog, so fehlte ihr doch die narrative Struktur in ihrer Kampagne, der emotionale Überbau, die eindringliche Erzählung, die die Menschen mitnahm auf ihrem Weg ins Weiße Haus. Kurzum: Sie stiftete keinen Sinn. Kurz vor Weihnachten 2007, wenige Tage vor den entscheidenden Vorwahlen in Iowa, dem Wendepunkt ihrer Kampagne, schaltete sie einen TV-Spot, der dies symbolisch einfing. Im Hintergrund erklingt Weihnachtsmusik. Eine Frauenhand schneidet mit einer Schere Geschenkpapier aus und hängt Karten an Geschenke. Auf den Karten stehen nicht etwa Namen ihrer Familie, sondern Programmpunkte wie „Universelle Krankenversicherung", „Truppenabzug" oder „Steuerkürzungen". Dann erscheint die Kandidatin mit den Worten: *„Wo habe ich denn den Ausbau der kindlichen Früherziehung hingelegt? Ach hier ist er!"* Clinton lacht, der Werbefilm ist zu Ende. Nicht nur erzeugt dieser 30-Sekunden-Spot den Eindruck, die Kandidatin wolle billige Wahlgeschenke verteilen, er verdeutlicht auch die Herangehensweise an den Wahlkampf. Sachthemen stehen bei Hillary im Vordergrund. Sie sind die alleinige Ratio für ihre Wahl.

Barack Obamas Weihnachtsspot ist komplett anders aufgebaut. Der Kandidat sitzt mit seiner Familie neben einem Kamin, im Hintergrund steht ein bunt geschmückter Weihnachtsbaum. Obama reichen zwei Sätze: *„In der Weihnachtszeit werden wir daran erinnert, dass die Dinge, die uns vereinen, größer sind, als die Dinge, die uns trennen."* Und dann: *„Frohe Weihnachten."* Dieser Spot vermittelt eine klare, verständliche, fühlbare Botschaft und verknüpfte Obamas Kampagne mit positiven Assoziationen wie Familie, christlichem Glauben und friedlicher Weihnachtszeit.

Barack Obamas Aufstieg ist ein Beispiel für die Wirkungskraft emotionsorientierter Wahlkampfführung. Der Politnovize scheint das Buch Drew Westens sehr genau studiert zu haben. Und nicht nur das. Obama zählte ihn sogar explizit zu seinem Beraterkreis. So vermied er den Fehler, der in der vermeintlich trockenen Politik zu häufig gemacht wird. Er verzichtete nicht auf Gefühle und Erzählungen, sondern setzte sie ganz gezielt ein und das in mehrfacher Hinsicht.

Erstens wählte der junge Senator Botschaften aus, die darauf abzielten, positive Assoziationen in den Köpfen der Wähler zu wecken. Zu Beginn seines Wahlkampfes besetzte er zunächst die Begriffe *Unity* und *Hope*. Einheit und Hoffnung, das sind Worte, die an ein weit verzweigtes Netzwerk von Bildern, Emotionen und Gedanken bei jedem Menschen anknüpfen. Sie bieten eine breite Projektionsfläche, auf die sie oft nur unterbewusst verschiedenste positive Bilder werfen. Der Begriff *Change* ist hingegen nicht per se positiv besetzt. Das konnte man beispielhaft bei der Umsetzung der Agenda 2010 in Deutschland beobachten. Wandel kann aufreibend und schmerzlich sein. Deshalb zögerte Obama auch zunächst, dieses Meta-Wort zur dritten zentralen Säule seiner kommunikativen Wahlkampf-Trias zu machen. Er entschied sich aber für den Begriff des Wandels, weil er richtig abschätzte, ihn positiv besetzen zu können. Nachdem immer deutlicher wurde, dass sich die Amerikaner aufgrund von Irakkrieg, Wirtschaftsflaute und inkompetenter Bush-Präsidentschaft nach einem grundlegenden Politikwechsel sehnten, nutzte Obama die Gunst der Stunde, um sich konsequent als anderer, neuer Politiker darzustellen.

Zweitens schaffte es Barack Obama, diese Kernbotschaften in eine emotional eindringliche Erzählung zu kleiden. Alle drei Hauptbegriffe verband er virtuos sowohl mit seiner eigenen Lebensgeschichte als auch mit der des Landes, mit zwei Narrationen also, zu denen breite Teile der amerikanischen Bevölkerung einen leichten Zugang fanden. Die Personifizierung von Inhalten ist die eindringlichste Form der Kommunikation. Die Biografie eines Kandidaten bietet immer wieder einen geschickten Ankerpunkt, an dem man abstraktere Themen und Sachverhalte anbringen kann. Aber auch die nationale Erzählung ist in den Vereinigten Staaten allgegenwärtig, in Form der Pledge of Allegiance in der Schule, in der Repräsentation nationaler Symbole oder des sozialen und ökonomischen Fortschritts, der sich in der Geschichte des Aufstiegs vom Tellerwäscher zum Millionär manifestiert.

Hier ein Beispiel, das veranschaulicht, wie geschickt Obama seine Biografie und die Narration des Landes mit seiner Kampagnenbotschaft der Hoffnung und des Wandels verband. In seiner Rede auf dem Nominierungsparteitag in Denver sagte Obama: *„Vier Jahre ist es her, als ich vor Euch stand und meine Geschichte erzählte – von der kurzen Liaison eines jungen Mannes aus Kenia und einer jungen Frau aus Kansas, die beide nicht reich und auch nicht berühmt waren, die aber den gemeinsamen Glauben an Amerika teilten; den Glauben, dass ihr Sohn all das erreichen kann, was er sich vornimmt. Es ist dieses Versprechen, das unser Land* *von anderen Nationen unterscheidet; dass jeder von uns durch harte Arbeit und Verzicht seine eigenen Träume verwirklichen kann, wir aber trotzdem als eine amerikanische Familie zusammenstehen, um sicher zu stellen, dass sich auch die nächste Generation ihre Träume erfüllen wird. Aus diesem Grund stehe ich heute Abend hier; weil gewöhnliche Männer und Frauen – Studenten und Soldaten, Farmer und Lehrer, Krankenschwestern und Hausmeister – seit 232 Jahren den Mut bewiesen haben, dieses Versprechen am Leben zu erhalten, wenn es in Gefahr war."*

Perfekt eingefangen wurde Obamas Botschaftstrias auch durch seinen Hauptslogan: *Change We Can Believe in.* *Change* deutete den politischen Wandel an. Das *We* stand für Einheit und Gemeinschaft. *Believe* drückt den Glauben an eine bessere Zukunft aus. Dass Obama hier bewusst das Verb „glauben" benutzt, macht deutlich, welchen Wert er auf emotionale Rhetorik legte. Er berücksichtigte, dass Menschen nicht immer rational erkennen, welches die bessere politische Option oder der bessere Kandidat ist. In letzter Konsequenz kommt es auf einen emotional unterfütterten, fast schon irrationalen Glauben an die Qualität und Güte einer Kandidatur, eines Produktes oder Unternehmens an.

Drittens benutzte Barack Obama gezielt Metaphern, Bilder und Gesten, um positive Assoziationen und Emotionen zu schaffen. Beginnen wir mit Metaphern. Obama verwendete eine äußert analogienreiche Sprache. Ein erstes wichtiges Element in seinen Reden war es, die eigene Kandidatur als schicksalhaften Wendepunkt der Nation darzustellen. Ganz in der Manier seines Vorbildes Martin Luther King schaffte er es, seinen Wahlkampf als entscheidenden Moment in der Geschichte des Landes in den Köpfen der Wähler zu verankern. Auffällig oft benutzte er die Wendung *defining moment*. Das war eine extrem emotionale Ansprache, die der Kampagne schon fast sakralen Charakter verleiht, ihr den Anstrich des Über-Politischen und Über-Zeitlichen gibt.

Gerne sprach Obama auch von einer Reise, auf der sich das Land befinde. Eine Reise zu einem besseren, neuen Amerika, das mit einer Präsidentschaft Obamas beginnt. Interessant auch seine Wendung „*We have to turn the page*". Anstatt mit simplen Worten den Wechsel im Lande zu propagieren und einen Neuanfang zu fordern, spricht Obama eindringlich davon, eine Buchseite umzuschlagen. Jeder Zuhörer weiß auf Anhieb, was gemeint ist. Das bereits Gelesene, das bereits Bekannte bleibt zurück. Es geht darum, der Geschichte des Landes eine frische, neue Seite hinzuzufügen. Auch scheute sich der Politnovize nicht davor, eine Teils populistische Sprache zu benutzen. Immer wieder wetterte er mit bilderreichen Sätzen gegen den Ort, an dem er selbst als Senator drei Jahre lang Politik gemacht hatte. Dieser Ort ist Washington und er ist in den USA bei den Menschen äußert negativ besetzt. Die Hauptstadt steht für Bürokratie und abgehobene Elite; sie steht für Lobbyisten und für unlautere Schacherei um Einfluss. *„Having gone Washington"* ist eine geflügelte Bezeichnung dafür, dass ein Politiker den Kontakt zur Basis verloren hat. Obama sagt über Washington: *„Bei uns gibt es eine Stadt namens Washington, die korrupter und verschwenderischer ist als jemals zuvor [...] Ihr glaubt, dass die Zeit gekommen ist, den Lobbyisten, die denken, ihr Geld und ihr Einfluss würden lauter sprechen als unsere Stimmen, zu sagen, dass ihnen die Regierung nicht gehört. Sie gehört uns. Und wir sind hier, um sie uns zurückzuholen."*

Viertens personalisierte Barack Obama seine zentralen Botschaften sehr geschickt, um sie greifbarer und erfahrbarer zu machen. Immer wieder brach er seine Leitbegriffe auf konkrete Menschen und Lebenssituationen herunter: *„Hoffnung ist das, was ich in den Augen einer jungen Frau in Cedar Rapids [in Iowa, Anm. der Autoren] gesehen habe, die eine Nachtschicht arbeitet nach einem langen Tag im College und sich trotzdem keine Krankenversicherung für ihre kranke Schwester leisten kann. Eine junge Frau, die immer noch daran glaubt, dass dieses Land ihr eine Chance geben wird, ihre Träume zu verwirklichen. Hoffnung ist das, was ich in der Stimme einer Frau aus New Hampshire vernahm, die mir sagte, dass sie sich nicht mehr traut zu atmen, seit ihr Neffe im Irak ist. Die abends ins Bett geht und für seine sichere Rückkehr betet."* In seiner Rede auf dem Parteitag in Denver sagte er: *„Wir messen die Stärke unserer Wirtschaft nicht an der Zahl von Milliardären oder den Unternehmensgewinnen der Fortune 500, sondern daran, ob jemand mit einer guten Idee eine Chance bekommt, eine neue Firma zu gründen; oder ob sich eine Kellnerin [...] einen Tag frei nehmen kann, um auf ihr krankes Kind aufzupassen, ohne ihren Job zu verlieren."*

Fünftens kannte Obama wie kaum ein anderer Politiker die Macht der sogenannten *informational shortcuts* – der symbolischen Schlüssel. In dem Buch *„The Reasoning Voter"* beschreibt der Politikwissenschaftsprofessor Samuel L. Popkin die Kraft solcher Codes. Eindringlich veranschaulicht er, dass Wähler nur wenige Informationen brauchen, um eine für sie vernünftige Wahlentscheidung zu treffen, denn oft verdeutlichen Symbole und Gesten viel besser, wofür ein Kandidat oder ein Unternehmen steht, als es Programme und Produktinformationen tun. Ein Beispiel für diese These ist der der Kniefall Willy Brandts vor dem Ehrenmal des Warschauer Ghettos. Diese eine Geste drückte mehr aus, als es hunderte von Worten der Versöhnung hätten sagen können.

Obamas Auftritte und TV-Spots sind voll von Symbolik. Allein schon sein Auftreten, sein Gang und seine jugendliche Sprache deuteten an, dass er nicht der gewöhnliche Politiker war, dass er also in der Tat einen Neuanfang repräsentierte. Obama zeigte sich gerne beim Basketballspielen. Sport symbolisierte Jugendlichkeit und Frische, die ihn deutlich vom 72-jährigen McCain absetzten. Auch war der junge Senator einer der ersten Kandidaten, der sich bei seinen Auftritten konsequent inmitten von Menschen wie Du und ich zeigte. Ganz selten stand er vor einem leeren Hintergrund oder einer Leinwand. Immer sorgte er dafür, dass eine Gruppe von Sympathisanten, die die Pluralität seiner Wählerkoalition repräsentierte, hinter ihm platziert wurde.

Allerdings geriet Obama die Kraft dieser symbolischen Codes auch zum Nachteil. Zum einen weckten seine Hautfarbe und sein Name *„Barack Hussein Obama"* unbewusste Assoziationen der Andersartigkeit, die bei manchen Wählern negative Gefühle hervorrufen konnten. Zum anderen betrieb Obama so etwas wie die Über-Inszenierung der Kampagne. Kein Kandidat in diesem Wahlkampf produzierte so viele emotionale Bilder wie er. Seine Auftritte vor 80.000 Menschen in Denver oder 200.000 begeisterten Berlinern bleiben unvergessen. Sie aktivierten bei manch einem neuronale Netzwerke, die ihn mit John F. Kennedy oder Martin Luther King in Beziehung setzten. Seine Auftritte symbolisierten Erfolg und Massenbegeisterung, sie stifteten Sinn und Gemeinschaft. Sie zeigten aber auch eine gewisse Abgehobenheit und Entrücktheit auf. Seine Sprache uferte zuweilen so in Blumigkeit aus, dass sie einer gewissen

Pathetik nicht entbehrte. Das nutzte John McCain gezielt aus, um Obama als Schönredner darzustellen, als politisches Leichtgewicht, der keinen Zugang zu den realen Sorgen und Nöten der Menschen hat.

In der Tat musste Obama aufpassen, seine emotionale Dominanz im Wahlkampf nicht zu überspannen. Das war nicht immer einfach, gelang ihm aber letztendlich, was seine Nominierung im August 2008 als Präsidentschaftskandidat der Demokraten unwiderlegbar unterstrich.

Beachten Sie die emotionale Agenda Ihrer Wähler oder Konsumenten. Schaffen Sie positive Assoziationen. Fassen Sie Ihre Botschaften in Narrationen ein, die der Kampagne eine übergeordnete, eindringliche Erzählung geben. Nicht die harten Fakten oder das rationale Argument stiften Sinn, sondern emotionale Ansprache und Symbolik. Überziehen Sie dabei aber nicht. Sachlicher Kern, narrativer Mantel, das sind die Grundvoraussetzungen für gelungene Kommunikation!

Meine Notizen und Ideen zum Thema:

Strategie 4:
Mut zur Marke – Design und Branding

Zu Barack Obamas phänomenalem Erfolg im Rennen um die Nominierung seiner Partei hat ganz sicher sein ausgeprägtes Bewusstsein für eine stringente Markenführung beigetragen. Der junge Senator hatte nicht nur den Mut, eine einzigartige Marke um seine Person und seine Botschaft herum aufzubauen, er erhob sie auch noch zu einer echten Kunstform. Keith Reinhard, Ex-Chef der Werbeagentur DBB Worldwide merkte in einem Interview mit dem Fachmagazin *FastCompany* an, dass Obama drei Attribute vereine, die für eine exzellente Markenbildung entscheidend sind: *„Neu, anders und attraktiv. Besser geht es nicht."*

Kern einer erfolgreichen Marke ist ihre Andersartigkeit, ihre Neuheit, ihre Attraktivität und Sympathie. Als Barack Obama im Februar 2005 in einer kleinen Runde mit Beratern zusammen saß, um seine weitere politische Zukunft zu planen, entwickelte er bereits seine Markenidentität, die drei Jahre später zu voller Blüte reifen sollte. Diese Identität fußte auf seiner Biografie, die ihn zu einem anderen, zu einem neuen und innovativen Kandidaten machte. Obama wollte Brückenbauer in Zeiten der Parteipolarisierung, Idealist in Zeiten des florierenden Negativwahlkampfes und inspirierender Rhetoriker in Zeiten von außen- und innenpolitischen Krisen sein. Sein Plan war es, Politik mutig und neu zu denken und damit den Status Quo herauszufordern.

Diese Aufgabe war anspruchsvoll und attraktiv zugleich. Anspruchsvoll, weil Obama wenig Zeit hatte, um seine Marke aufzubauen und mit Inhalten zu füllen. Andere Politiker wie John McCain oder Hillary Clinton hatten bereits seit Jahren daran gearbeitet, ein entsprechendes Image von sich zu kultivieren. Obama startete, abgesehen von anfänglichem Ruhm für seine Rede auf dem Demokratischen Parteitag 2004, quasi von null. Das hatte aber auch positive Seiten, denn er trug nicht den üblichen Ballast mit sich herum, den erfahrene Kandidaten im Laufe ihrer Politikertätigkeit anhäufen.

Seit der Präsidentschaft John F. Kennedys hat fast jeder Kandidat gezielt Taktiken der Markenbildung und Markenführung in US-Wahl-kämpfen angewendet. Obama war jedoch der erste Politiker, der seine Kandidatur bewusst als eine Top-Marke à la Apple oder Nike inszenierte. Ein Blick auf Apple ist an dieser Stelle tatsächlich aufschlussreich. Obama benutzte nicht nur ein ähnliches Branding wie der Technologiekonzern, auch waren viele seiner jungen Anhänger überzeugte Apple-Fans. Die Firma aus Cupertino in Kalifornien besitzt eine Markenstrategie, die darauf abzielt, ihre Produkte emotional zu besetzen. So ist die Marke Apple, von Kevin Roberts, CEO der Werbeagentur Saatchi & Saatchi, als Lovemark bezeichnet, mehr als reine Hardware. Sie vermittelt einen spezifischen Lebensstil, sie schafft Konstruktionen von Innovation und Stilbewusstsein. Das Symbol des angebissenen Apfels steht für eine alternative Denkweise und Anti-Establishment-Attitüde. Gleichzeitig setzt Apple auf exzellentes Design bei gleichzeitiger Reduktion von Komplexität.

Die Parallelen zu Obama und seinen Botschaften sind auffällig. Zusammen mit seinem Entdecker und Chefstrategen David Axelrod fasste er den Entschluss, eine Marke zu kreieren, die mehr symbolisiert als schnöde Sachpolitik, weil sie einen ideellen Wert der Inspiration und des positiven Lebensgefühls in sich trägt. Die Marke Obama sollte Grenzen sprengen, sie wollte aus den engen Kategorien bisheriger Politik ausbrechen. Der Kandidat vermarktete also nicht nur sich selbst, sondern auch gleich das dazugehörige Gefühl und dieses benannte er stringent während seiner gesamten Kampagne: Einheit, Wandel und Hoffnung. Dabei schuf er mit seiner Marke eine Projektionsfläche, die die Menschen, v.a. die junge Generation von Wählern bereitwillig mit eigenen Idealen und Zielen füllen konnte.

Auf der Grundlage eines makellosen, schlichten, aber eleganten Designs inszenierte er sich als ein innovativer Außenseiter-Kandidat, der mit einfachen, übergeordneten Botschaften gegen die Marktführerin Hillary Clinton antrat, die ihre Monopolstellung auf dem Markt mit einem sachlich-etablierten Produktwahlkampf verteidigen wollte. Es überrascht nicht, dass Hillary Clinton in ihrer Markenstrategie vielfach mit Microsoft verglichen wurde. Das Politmagazin Slate ordnete ihr nicht umsonst den passenden Slogan *„I've been there"* zu. Für Obama hatte es hingegen den Spruch *„I'll take you there"* reserviert. Das führt zu Nike. Der Sportartikelhersteller mit dem markant geschwungenen Swoosh-Symbol setzt nicht nur mit seinem altbewährten Slogan *„Just Do It"*, sondern auch mit seiner neuen Marketingstrategie *„Take it to the next level"* bewusst auf den Antrieb seiner Kunden, sich physisch und mental zu verbessern, um höhere Ziele zu erreichen. Um Ähnliches ging es auch Obama. Seine Kandidatur strebte zwar nach besserer Politik, wollte aber auch eine Art inspirierende Lebensreform bei seinen Anhängern bewirken. Nicht umsonst rief Barack Obama seine Unterstützer dazu auf, nicht nur für die Kampagne zu arbeiten, sondern sich auch anderweitig ehrenamtlich zu engagieren.

Auch wenn die Ähnlichkeiten beachtlich sind, so ist die Kampagne Obamas keinesfalls ein Imitat anderer Markenstrategien. Im Gegenteil. Er positionierte sich authentischer und emotionaler, als dies viele Markenartikler bis dato erreicht haben. Zu diesem Zweck schuf der junge Senator aus Illinois eine neue Form der politischen Marke, die man als *open brand* bezeichnen könnte. Sein Wahlkampf lebte vom Dialog mit der Basis, forderte aktive Teilhabe ein und war offen für die individuellen Projektionen seiner Unterstützer. Trotz aller Offenheit achtete sein Team jedoch penibel darauf, ein kohärentes, übergeordnetes Markenbild beizubehalten. In der Tat zeichnete sich Obamas Branding durch ein Zusammenspiel von Top-Down-Vorgaben und einer in der Politik beispiellosen Obsession zum Detail aus. Er gab seinen medialen Dienstleistern ein so gründliches *Corporate Identity Manual* an die Hand wie kein anderer Kandidat zuvor. Auch die über 20 Millionen Dollar, die er im Vorwahlkampf für Kampagnenevents und -materialien ausgab, sind Beispiele für die Wertschätzung einer konsequenten, wieder erkennbaren Außendarstellung.

Denn sein Team um David Axelrod erkannte, dass es in einer zunehmend fragmentierten Medienwelt viel stärker als früher auf ein einheitliches Design ankommt. Von Beginn der Kampagne an ging es um Crossmedialität, um die Kommunikation über viele Kanäle, von klassischen TV-Spots, über Direct Mailings, E-Mails bis hin zu Wahlkampfveranstaltungen und Blogs. Deswegen war eine perfekte, nahtlose

Markenführung für ihn ein Muss. Obamas Kampagne achtete bei jeder noch so kleinen Veranstaltung, bei jedem noch so vermeintlich unwichtigen Auftritt darauf, das Corporate Design des Kandidaten zu wahren. Selten sah man seine Anhänger im Zuschauerraum mit selbst gemachten Plakaten, fast immer bekamen sie offizielle Obama-Schilder mit den zentralen Slogans ausgeteilt. In jeder E-Mail, in jedem TV-Interview, auf jeder Webseite verwendete Obama dasselbe Design mit denselben Kernbotschaften. Alle, die schon einmal eine umfangreichere Kampagne durchgeführt haben, wissen, welch große logistische Meisterleistung es ist, solch eine Einheitlichkeit herzustellen.

Darüber hinaus schafften es Obama und sein Team, den Kern des Designs zu bewahren, es aber dynamisch, je nach Ort, Botschaft und Zielgruppe zu variieren. Als Obama in Unity, New Hampshire, zusammen mit Hillary Clinton auftrat, um die offizielle Versöhnung nach einem harten Vorwahlkampf zu feiern, fiel nicht nur auf, dass Obamas Schlips und Clintons Hosenanzug im hellen Blau der Kampagne gehalten waren, sondern dass im Publikum Schilder mit *„Unite for Change"* anstatt des üblichen *„Change We Can Believe In"* prangten. Als der Kandidat gegen Ende des Vorwahlkampfes seine Botschaft des Wandels dringlicher machen wollte, hieß der Slogan *„Change We Need".*

Auch das Logo Obamas erfuhr, je nach Zielgruppe und Thema, etliche Variationen, und auch wenn der Kern immer sichtbar blieb, wären diese Variationen für viele europäische Markenverantwortliche ein Albtraum gewesen. Das Beispiel Obama aber zeigt, dass eine Marke durch Variation auch an Stärke gewinnen kann. Auf Schildern für die Obama-Gruppe der Umweltschützer befand sich beispielsweise ein grün-gelbes „O", das einen umweltfreundlichen Sonnenaufgang symbolisieren sollte. Für Eltern und Kinder stand der Slogan *„Kids for Obama"* bereit, allerdings mit einem in kindlicher Krakelschrift verfassten *„Kids".*

Quelle: www.barackobama.com

Im visuellen Kern der Kampagne stand das vom Sender LLC entworfene Kampagnenlogo, das Obamas Botschaft auf einen simplen, aber wirkungsmächtigen Kern destillierte, auch wenn Obama selbst davon anfangs gar nicht so angetan war. David Axelrod zeigte sich aber sofort von dem Symbol, das eine aufgehende Sonne symbolisiert, begeistert. Schon 1983 hatte er ein ähnliches Zeichen für seinen Kandidaten Harold Washington im Kampf um das Bürgermeisteramt in Chicago benutzt. Bewusst verzichtete er mit Obama auf die sonst in Wahlkämpfen üblichen, oft gleichen Symbole mit dem Schriftzug der Kandidaten, der in die Nationalflagge eingefasst ist. Sein Markenzeichen ist das „O" wie Obama, das eine Sonne symbolisiert, die über einem fiktiven Feld aufgeht, das in den amerikanischen Farben weiß, rot und blau gehalten ist. Dieses Logo verdeutlichte geschickt die Ausrichtung der Kampagne auf Zukunft und Wandel und wurde zu ihrem wirkungsvollsten Erkennungszeichen.

Quelle: www.hillaryclinton.com

Es setzte sich auch perfekt ab von den Logos der anderen Kandidaten, insbesondere von dem Hillary Clintons. Die Ex-First-Lady setzte auf einen simplen Namensschriftzug in Serifenschrift, der Tradition ausdrücken sollte. Der Hintergrund ist in gediegenem, dunklem Blau gehalten. Unter dem Schriftzug weht ein Band in den Farben der amerikanischen Flagge. Ein sehr traditionelles Design, das fast schon autoritär wirkte und den Fokus auf die Attribute „Erfahrung" und „Sachlichkeit" lenkte.

John McCain wählte hingegen einen anderen visuellen Ansatz. Er verzichtete komplett auf die Nationalfarben und hielt seinen Schriftzug in ungewöhnlichem Weiß und Gelb. Das erinnerte stark an das Vorgehen der CDU in Deutschland. Auch sie löste sich von den üblichen Farbenmustern und ersetzte ihr traditionelles Schwarz mit der aus der Ukraine bekannten „Revolutionsfarbe" Orange. Um McCains Eignung als Commander-in-Chief zu betonen, integrierte sein Team einen militärisch anmutenden Stern in das Logo. Das verstärkte das Image des kampferprobten politischen Führers und politischen Haudegens. Eine interessante Randnotiz: Die von McCain benutzte Schriftart „Optima" ist dieselbe, die auch die Erinnerungstafeln des Vietnam Memorials in Washington D.C. ziert. Ein Zufall? Man darf spekulieren.

Quelle: www.johnmccain.com

Aber zurück zu Obama. Sein Design war innovativ, weil es schlicht, aber geschmeidig wirkte; weil es eindringlich war, ohne schrill zu sein. Als Farbe wählte Obama ein helles Blau, das seriös, aber frisch wirkte. Gewagt erschien der häufige Einsatz des Glorienscheins um das Bild Barack Obamas bzw. um dessen Slogans. Immer wieder spielte die Kampagne mit diesem Design, um die Kampagne bewusst zu einer fast schon transzendental anmutenden Bewegung zu überhöhen. Obama erschien als Heilsbringer für eine neue, eine bessere Zeit. Sicher kann man sich die Frage stellen, ob es klug war, den Kandidaten visuell so zu entrücken. John McCain nutzte dieses Image des Abgehobenseins immer wieder für Attacken gegen den vermeintlich elitären Obama. Insgesamt fügte sich dieser Halo-Effekt aber nahtlos in die Kampagne ein, die sich zum Ziel gesetzt hatte, sowohl Inspiration zu stiften als auch den Glauben an einen grundlegenden Wandel in der Politik zu fördern.

Kampagnenposter, Quelle: www.barackobama.com

Die Schriftart „*Gotham*", die Obama für seine Außendarstellung wählte, war ideal für seine Zwecke. Sie wurde im Jahr 2000 von den Designern Jonathan Loefler und Tobias Frere-Jones für das Männermagazin GQ entworfen, lehnte sich aber an ein Schriftdesign an, das in den 1940er Jahren in New York für Straßenschilder benutzt worden war. „*Gotham*" wirkte traditionell, ohne muffig zu sein. Es besaß eine substantielle Schlichtheit, ohne aber kalt und unfreundlich zu wirken. Es wirkte elegant, aber schlicht. Obama war nicht der einzige, der die Vorzüge von „Gotham" erkannte. Die Schriftart findet man mittlerweile auf Verpackungen für Biofood genauso wie am zukünftigen *Freedom Tower* in Manhattan.

Zu einer guten Marke gehört natürlich auch gutes Merchandising. Leider sind die genauen Zahlen noch unter Verschluss, man kann aber davon ausgehen, dass Barack Obama über seinen offiziellen Kandidaten-Store mehr Artikel als jeder andere Kandidat zuvor verkauft hat. Allein auf dem Parteitag in Denver vertrieb sein Team Waren im Wert von über einer Million Dollar. Obama-T-Shirts, Obama-Autoaufkleber, Obama-Kappen, Obama-Pins, Obama-Taschen, Obama-Becher. Es gab nichts, was es nicht gab und vor allem all das, was das Herz eines treuen Anhängers begehrte. Selbst Obama-Armreifen mit dem Schriftzug „HOPE" gab es zu kaufen, die stark an die Armbänder der *LiveStrong*-Stiftung Lance Armstrongs erinnerten. Zwar hatte Obama sehr stark mit Raubkopien und Schwarzdrucken zu kämpfen, die auf der Strasse oder im Internet verkauft wurden, aber in letzter Konsequenz lehnte sich auch diese Produktpiraterie stark an die Botschaft und das Design des Kandidaten an, so dass das Corporate Design nie in Gefahr war.

Natürlich war es nicht nur das Design, das die Marke Obama optisch unterstrich. Auch die Schlachtrufe der Anhänger entwickelten sich zu einem elementaren Bestandteil der open brand Obamas. Insbesondere das allgegenwärtige „*Yes, We Can*" symbolisierte wie kein anderer Wahlkampfslogan, dass es das Ziel Obamas war, keine normale Kampagne zu führen, sondern eine Bewegung zu erschaffen. „*Yes, We Can*", das deutete Optimismus und Teilhabe, Willens- und Schaffenskraft an. Auch das oft lautstark auf Veranstaltungen zu hörende „*We Want Change*" unterstützte die Botschaft des Wandels und der Hoffnung. Interessant ist, dass Obama diese Kampagnenslogans - insbesondere das „*Change We Can Believe In*", das im September 2007 eingeführt wurde – anfangs als etwas zu kitschig empfand. Wenige Monate später waren diese Schlagwörter aber in aller Munde. Den unabhängigen Betrachter wundert es nicht, appelliert dieser Kampagnenslogan doch eindringlich an den Wunsch vieler Menschen, wieder an die Politik und ihre Protagonisten zu glauben.

Zeigen Sie Mut zur Marke! Investieren Sie genug Zeit und Geld in ein kohärentes, kreatives Design, das sie von Ihren Konkurrenten abhebt. Der Stil prägt die Marke. Orientieren Sie sich an Obamas Markenstrategie. Versuchen Sie neu, anders und innovativ zu sein, aber setzen Sie dabei nie Ihre Glaubwürdigkeit aufs Spiel!

Meine Notizen und Ideen zum Thema:

_____

_____

_____

_____

_____

_____

_____

_____

_____

_____

_____

_____

_____

_____

_____

_____

Strategie 5:
Kreatives Fundraising –
Auf neuen Wegen zu Spendern

Professionelles Fundraising ist die Grundvoraussetzung dafür, dass Kandidaten in amerikanischen Wahlkämpfen überhaupt Erfolg haben können. Politische Kampagnen sind in den USA jedoch an rigide Auflagen und Spendenobergrenzen gebunden. Einzelpersonen dürfen nicht mehr als 4.600 Dollar pro Wahlkampf an Kandidaten spenden. Auch die direkte monetäre Unterstützung durch die Parteien ist äußerst gering. So hieß es auch für Obama, Clinton, McCain & Co. von Anfang an, extreme Anstrengungen im Bereich des Fundraisings zu unternehmen. Haupteinnahmequelle für die Kandidaten sind im Gegensatz zur landläufigen Meinung nicht etwa Interessengruppen und Unternehmen, sondern Einzelspender. Zwar ist es den sog. *Political Action Committees* von Wirtschaft und Gewerkschaften erlaubt, den Wahlkampf finanziell zu beeinflussen, sie müssen jedoch die strikte Obergrenze von maximal 10.000 Euro pro Kandidat und Wahlkampf beachten.

Für Präsidentschaftskandidaten gibt es zwar die Möglichkeit einer öffentlichen Finanzierung ihrer Wahlkämpfe. Die etablierten Kandidaten nutzen diese halbstaatliche Unterstützung aber immer seltener, weil sie im Gegenzug an rigide Ausgabenobergrenzen gebunden sind. Die Konsequenz: Das Geld muss privat, aus der Gesellschaft heraus, eingesammelt werden, zumeist von Einzelspendern. Deshalb müssen Kandidaten im Vorfeld des Wahlkampfes intensive Kontakte zu potentiellen Spendern aufbauen und dürfen sich nicht scheuen, bei jeder sich bietenden Möglichkeit Menschen um monetäre Unterstützung zu bitten. Die folgende Zahl belegt die finanzielle Dimension und notwendigen Budgets: In den beiden vergangenen Wahlperioden 2004 und 2006 gaben Kandidaten, Parteien und Interessengruppen jeweils mehr als drei Milliarden Dollar für politische Kampagnen aus.

Barack Obamas Aufstieg zum Spitzenkandidaten der Demokratischen Partei hat viel mit seiner Art des Fundraisings zu tun. Hier lag der Schlüssel für seinen Erfolg, nutzte er doch neue kreative Wege des Spendensammelns, die auch für Parteien, gemeinnützige Organisationen, Stiftungen und sogar kommerzielle Unternehmen in Deutschland höchst interessant sind. Zwar ist die Spenderkultur in den USA eine ganz andere als in Deutschland und auch das ehrenamtliche Engagement, die Bereitschaft Geld für gemeinnützige Zwecke zu geben, ist in den Vereinigten Staaten messbar höher. Im Jahr 2007 spendeten US-Bürger laut einer Studie von *Giving USA* mehr als 229 Milliarden Dollar an soziale Einrichtungen. Laut den *National Election Studies der University of Michigan* gaben im Wahljahr 2004 immerhin 13 Prozent der Amerikaner an, Geld für politische Kampagnen gespendet zu haben. In Deutschland fallen diese Zahlen deutlich geringer aus. Der Spendenmonitor des Marktforschungsinstituts Infratest/TNS ergab für das Jahr 2006 eine Summe von 2,8 Milliarden Euro, die für karitative Zwecke gegeben wurden. Lediglich drei Prozent dieses Geldes, also 84 Mio. Euro, flossen in den politischen Bereich. Spitzenempfänger der deutschen Spender waren soziale Einrichtungen wie Behinderten-, Kinder- und Entwicklungshilfeorganisationen.

Zu beachten ist in diesem Zusammenhang aber nicht nur der Unterschied in der Spendenmenge und –höhe, sondern auch die Qualität und Kreativität der für das Fundraising eingesetzten Instrumente. Auch in diesem Bereich sind die USA uns weit voraus. Wahrscheinlich ist in keinem anderen Land der Welt der Technologie-, Daten- und Werbemitteleinsatz professioneller organisiert als in den Vereinigten Staaten.

Dennoch können sich kreative Spendenkampagnen auch in Deutschland durchaus lohnen: die Tropenwaldstiftung OroVerde, die sich um den Erhalt des Regenwaldes bemüht, verschickte im Jahr 2007 ein Mailing an Unternehmen, das unter anderem einen Malkasten und eine Malvorlage à la „Malen nach Zahlen" enthielt. Doch die einzige Zahl in der Vorlage war die „1" für Schwarz, und der Malkasten enthielt auch nur genau diese Farbe – ein deutlicher Hinweis auf die Zukunft des Regenwaldes. Soviel Kreativität wurde belohnt: mehr als 32 Prozent der angeschriebenen Unternehmen sagten ihre Unterstützung zu.

Ein solches Erfolgsbeispiel kann für viele Organisationen in Deutschland ein Ansporn sein, Kampagnen und Wahlkämpfe auf eine breitere finanzielle Basis zu stellen und die Erfolgsfaktoren des Spendensammelns von Barack Obama sehr genau zu betrachten.

Wie Obama zeigt, geht es beim Fundraising um alles andere als um schnödes Geldsammeln. Seine Spendenaktionen – und auch viele andere in den USA – werden nicht als lästiges Übel verstanden, sondern als ein essentieller Teil der Verankerung einer Kampagne in der Gesellschaft. Diese Einsicht sollte auch bei uns Einzug halten. Voraussetzung dafür ist allerdings, intern – d.h. bei den Mitarbeitern und Mitarbeiterinnen – eine andere Geisteshaltung und eine andere Aufgabenverteilung einzuführen sowie die Arbeit mit und für Geld offen zu thematisieren. Dazu gehören professionelle Spendenkonzepte ebenso wie der Ein- oder Zukauf professioneller Expertise. Hierzulande liegt der Focus gerade bei gemeinnützigen Organisationen zumeist jedoch auf der Projektarbeit, nicht auf der Akquisition von Spendern, geschweige denn auf dem Aufbau langfristiger Spenderbeziehungen. Das mag eine verständliche, von großem Idealismus zeugende Einstellung sein. Für die Organisation und deren Zweck ist es aber ein folgenschwerer Fehler.

Zurück zum amerikanischen Wahlkampf: In den USA ist das Abschneiden im sog. *money race* ein bedeutender Indikator für die Erfolgsaussichten einer Kandidatur. Als Barack Obama im ersten Quartal 2007 auf Anhieb 25 Millionen Dollar einsammeln konnte, etablierte er sich in der Wahrnehmung vieler Journalisten und Wahlkampfbeobachter sofort als der Hauptkonkurrent Hillary Clintons, die in diesem Zeitraum 26 Millionen Dollar einnahm. Dieser frühe Wettstreit um die besseren Zahlen war der Auftakt zu einem bisher beispiellosen Kampf um finanzielle Ressourcen. Generell gibt es in den USA zwei Wege, um die Wahlkampfkassen zu füllen. Zum einen ist es möglich, die Energie auf eine Großspenderstrategie zu richten, indem man eine hohe Zahl von affluenten Geldgebern - z.B. über Fundraising-Dinner - anspricht und von ihnen den maximalen Betrag von je 2.300 Dollar in der Vor- und Hauptwahlkampfphase erbittet.

Teil dieser Strategie ist es dann, reiche und gut vernetzte Fundraiser zu finden, die in ihrem vermögenden Freundes- und Bekanntenkreis selbst Geld für die Kampagne einwerben und dieses dann gebündelt an den Kandidaten weitergeben.

Der zweite Weg besteht in der Möglichkeit, das Fundraising auf breitere gesellschaftliche Füße zu stellen, indem eine Basis von Kleinspendern geschaffen wird, die selber oft nur in der Lage sind, zwischen 10 und 200 Dollar an die Kampagne zu geben. Ein solches Netzwerk von minder betuchten Geldgebern aufzubauen, bedarf zwar extremer Anstrengungen an Koordination und Zeit, es ermöglicht der Kampagne aber, sich eine glaubwürdigere soziale Verankerung zu schaffen, und, wenn Not am Mann ist, alle Spender wiederholt um Unterstützung zu bitten, da sie die rechtliche Spendenhöchstgrenze noch lange nicht erreicht haben. Im Folgenden wird deutlich werden, dass Obamas Wettbewerberin um die demokratische Nominierung, Hillary Clinton, primär auf die erste Variante setzte, Obama sich hingegen stärker auf die zweite Option fokussierte.

Das Fundraising von Hillary Clinton lief nach einem sehr klassischen, in den USA bereits seit Jahren erfolgreichem Muster ab, welches aber, wie sich herausstellen sollte, bei weitem nicht gegen die von Barack Obama erzielten Spenden ankommen konnte. Dabei sah es am Anfang gut aus für die 60-jährige Senatorin aus New York. Mit Terry McAuliffe hatte sie sich den *Mr. Money* der Demokraten als Wahlkampfmanager und Top-Fundraiser in ihr Team geholt. Als ehemaliger Geldbeschaffer für Bill Clinton und Generalsekretär der Partei unterhielt er gute Verbindungen zu allen wichtigen Geldgebern der Demokraten. McAuliffe organisierte das Geldsammeln auf die traditionell elitäre Weise, die er in den 1990er Jahren im Weißen Haus gelernt hatte. Sein Motto: Kleine Geldspenden unter 200 Dollar sind schön und gut, das richtige Geld wird jedoch bei den reichen Spendern, bei den sogenannten *„Fat Cats"*, eingetrieben. Hillary Clintons Strategie basierte folgerichtig darauf, die Spendenobergrenzen ihrer Geldgeber intensiv auszureizen. Sie versuchte so früh wie möglich, die ganze monetäre Kraft des ressourcenreichen Parteiestablishments hinter sich zu bringen, um den anderen Kandidaten die finanzielle Luft zum Atmen zu nehmen.

Frühzeitig begann sie deswegen, ein Großspendersystem aufzubauen, das auf sogenannten *Hillraisern* basierte. Diesen Titel verlieh die Kampagne Fundraisern, die mehr als 100.000 Dollar an Spenden für die Kampagne generierten. Im Club der *Hillraiser* befanden sich gut vernetzte Multimillionäre wie Investmentbanker Hazan Nemazee, Immobilienmakler Steve Bing oder Medienmanager Peter Chernin, aber auch politische Freunde wie New Jerseys Gouverneur Jon Corzine und Kaliforniens Senatorin Dianne Feinstein. Das Konzept hatte sich Terry McAuliffe von der Kampagne George W. Bushs abgeschaut, der seine wichtigsten Geldbündler mit den Titeln „Pionier" und „Ranger" geadelt hatte. Das Prinzip der Auszeichnung für verschiedenste Spendenlevel machten sich in Europa übrigens auch schon die englischen Tories mit ihren „Patrons´ Clubs" – Clubs der Förderer – zu Nutze.

In Deutschland fehlt, abgesehen von guten einzelnen Spendenaktionen, bisher sowohl der Mut zur konsequenten Umsetzung als auch der Glaube, dass es im Zeitalter zunehmender Politikerverdrossenheit überhaupt funktionieren könne.

Hillary Clinton nutzte natürlich auch andere, basisorientiertere Fundraisingmethoden wie Direct Mailings, Telefonanrufe oder E-Mails. Vor allem in der Frühphase der Kampagne richtete sich ihr Fokus aber auf die Strategie, schnelles Geld von reichen Spendern einzunehmen, um bei der Presse und den Konkurrenten keinen Zweifel an ihrer Führungsposition im Rennen um die demokratische Präsidentschaftskandidatur aufkommen zu lassen.

Diese Ausrichtung wurde in dem Moment gefährdet, als der Vorwahlkampf nicht wie vom Team Clintons erwartet am *Super Tuesday* (5. Februar) positiv für Hillary zu Ende ging, sondern sich durch weitere 26 Bundesstaaten zog. Dadurch verschlang die Kampagne ein viel höheres Maß an finanziellen Ressourcen als ursprünglich angenommen. In der Tat bekam Hillary Clinton massive monetäre Probleme, weil viele ihrer Geldgeber bereits den Höchstbetrag von 2.300 Dollar für die Vorwahlen an sie gespendet hatten. Zu spät forcierte sie die Kleinspenderakquisition über das Internet. In Erinnerung bleibt Clintons Aufruf während ihrer Siegerrede in Pennsylvania, in dem sie ihre Unterstützer über den Fernsehbildschirm dazu animierte, auf ihre Webseite www.hillaryclinton.com zu gehen, um die Kandidatin weiter im Rennen zu halten. Diese Aktion zeigte Erfolge. Die Clinton-Kampagne nahm in den ersten 24 Stunden nach dem Aufruf nach Angaben des Kampagnenteams 10 Millionen Dollar ein.

In letzter Konsequenz nützte auch dieser Hilferuf nichts mehr. Bereits im Mai kündigte sich an, dass Hillary Clinton extreme finanzielle Probleme hatte. Sie musste ihre Ausgaben massiv zurückfahren und machte Schulden in Millionenhöhe, die sie bis heute nicht komplett zurückgezahlt hat. Zwar hatte Hillary Clinton mit 242 Millionen Dollar eine Summe eingesammelt, mit der sie in jedem anderen Wahljahr die finanziell dominierende Kandidatin gewesen wäre, gegen Barack Obama, der mit faszinierenden Methoden des sog. Grassroots-Fundraisings arbeitete, hatte sie so aber letztendlich keine Chance.

Schon nach seinem schillernden Auftritt auf dem Parteitag im Jahr 2004 erzeugte Obama erhebliches Interesse in der Fundraising-Gemeinde der Demokraten. Der junge Senator sorgte zunächst in den wohlhabenderen Kreisen Hollywoods, New Yorks oder Chicagos für Aufsehen. Während des Kongresswahlkampfes 2006 zeigte Obama dann, dass seine persönlichen und rhetorischen Qualitäten in echtes Geld für die Demokratische Partei umgesetzt werden konnten. Über das gesamte Land verteilt hielt er Fundraiser ab, die mehrere Millionen Dollar in die Kassen befreundeter Kandidaten spülten.

Als Obama schließlich im Februar 2007 seine eigene Kandidatur erklärte, machte er zu Anfang das, was man von einem Kandidaten erwartet, der sich um das Präsidentenamt bewirbt. Sein Team organisierte klassische Fundraiser mit gut betuchten Geldgebern aus der links-liberalen Mittel- und Oberschicht. Er versuchte sogar, Clintons Groß-Fundraiser aktiv abzuwerben, was im Falle des Musikproduzenten David Geffen zu allerlei medialem Wirbel führte. Ein anderes Ziel war es, offizielle Unterstützungsbekundungen von Politikern zu bekommen und sie im Anschluss darum zu bitten, in ihrem eigenen Unterstützerkreis Geld für den Kandidaten Obama zu organisieren. Das passierte unter anderem im Falle des ehemaligen Präsidentschaftskandidaten John F. Kerry, der seine immer noch drei Millionen Mitglieder umfassende E-Mail-Liste aktivierte, um seine Unterstützer um Spenden für den jungen Politstar zu bitten.

Bewusst baute sich Obama parallel zu diesem elitären Fundraising ein breites Netzwerk von Klein- und Kleinstspendern auf, das sich im Laufe des Vorwahlkampfes zu einer echten Fundraising-Revolution entwickelte, und das ihn heute finanziell so unabhängig agieren lässt wie keinen Präsidentschaftskandidaten in der Geschichte der Vereinigten Staaten zuvor. Schon im Jahr 2007, ein Jahr vor der eigentlichen Wahl brach er bereits sämtliche Fundraising-Rekorde und sammelte bemerkenswerte 103 Millionen Dollar ein. Im Zuge des sich verschärfenden Konflikts mit Hillary Clinton steigerte er selbst dieses Spendentempo noch einmal. Allein im Februar 2008 – dem Monat des *Super Tuesday* – nahm der Politnovize erstaunliche 56 Millionen Dollar ein. Im selben Monat gab Obama bekannt, dass er die magische Marke von einer Million Einzelspendern erreicht hatte, die sich schnell auf über 1,5 Millionen steigerte und heute bei über zwei Millionen Menschen liegt. Mittlerweile – im August 2008 – reicht das Spendernetzwerk so weit in die Gesellschaft, das Obama pro Monat 60 bis 70 Millionen Dollar einnehmen kann.

Die Folge: Im Gegensatz zu John McCain ist Barack Obama im Hauptwahlkampf nicht auf die Unterstützung von Partei, reichen Geldgebern oder Interessengruppen angewiesen, die dem Kandidaten zwar oft kommunikativ unter die Arme greifen, aber auch erhebliche Irritationen und steigende Komplexität auslösen können, weil sie ihre Botschaft in der heißen Phase des Wahlkampfes nicht mit der Kampagne absprechen dürfen. Obama ist finanziell vollkommen autark. Schon frühzeitig signalisierte er außen stehenden Gruppen, die – wie sonst üblich – als eine Art Schattenpartei hohe Summen in seinen Wahlkampf pumpen wollten, dass er ihre Unterstützung nicht benötigte. Obama versprach seinen Unterstützern, eine unabhängige Bewegung zu gründen. Das schaffte er mit Hilfe von mehr als einer Million Unterstützern eindrucksvoll und stärkte damit einmal mehr seine Glaubwürdigkeit. Er hielt ein, was er versprach und mehr als das.

Seine Form der grasverwurzelten Spendenakquise passte perfekt zu den übergeordneten Botschaften seiner Kampagne. Barack Obama stellte sich als anderer Politiker dar, der neue Pfade abseits des etablierten Washingtoner Politbetriebes betreten wollte. Vor dem Hintergrund großer Frustrationen über korrupte und skandalträchtige Politiker nutzte er die Chance, Fundraising basisorientierter als je zuvor zu denken und umzusetzen. In Obamas eigenen Worten klang das so: *„Die meisten politischen Fundraiser werden von Lobbyisten organisiert und sind bestückt mit Repräsentanten der Interessengruppen. Unsere Kampagne ist anders. Unser Geld stammt von einer Bewegung von Amerikanern, die geben, was sie sich leisten können, oft nur 5 Dollar."*

Folgerichtig bemaß sich die Stärke von Obamas Fundraising-Netzwerk nicht etwa an der Durchschnittshöhe der Einzelspenden, sondern an der Anzahl der Spender. Diese Strategie zahlte sich insbesondere im Verlaufe des langen Vorwahlkampfes aus. Der intensive und emotionale Vorwahlmarathon durch 48 Bundesstaaten führte zu einem ständig wachsenden Spendernetzwerk, das Obama die nötige finanzielle Flexibilität gegenüber Hillary Clinton gab.

Zudem setzte Barack Obama ganz bewusst auf das bisher nur bruchstückweise in Erscheinung getretene Fundraisingpotenzial des Internets. Die Geschichte des Netzes als effektives Instrument der Spendenakquise ist noch relativ jung. Interessanterweise war es John McCain, der das World Wide Web im 2000er Vorwahlkampf gegen George W. Bush als neues Vehikel der Geldbeschaffung entdeckte. Direkt nach seinem Sieg in New Hampshire nahm er für damalige Verhältnisse bemerkenswerte 2,2 Millionen Dollar über das Internet ein. Auf diesen ersten Erfolgen baute 2004 auch der demokratische Außenseiter-Kandidat Howard Dean im Vorwahlkampf auf. Befeuert vom aufkeimenden Enthusiasmus der links-alternativen Blogosphäre schaffte er es mit Hilfe des Internets, vom finanziellen Nobody zum monetären Spitzenreiter kurz vor den Vorwahlen in Iowa aufzusteigen. Auch wenn er den Vorwahlkampf schließlich gegen John F. Kerry verlor, so deuteten seine Aktivitäten doch das große Potenzial des Online-Fundraisings an. Das Team Obama hatte die Stärken und Schwächen der Dean-Kampagne sehr genau studiert. Sie lernten daraus und hoben das Internet schließlich im Wahlkampf 2007/2008 auf eine ganz neue Stufe. Es wurde endgültig als neues, megaerfolgreiches Mainstream-Tool der Spendenakquise etabliert.

Die Vorzüge des Online-Fundraisings sind offensichtlich. Die Kosten liegen etwa ein Fünftel unter den Aufwendungen für klassische Akquisetechniken wie Fundraising-Events oder Telemarketing, sprich: der ROI, der *return on investment*, ist extrem hoch. Zudem garantiert das Internet im Verbund mit Direct-Mailing-Aktionen, Spenden schneller und effizienter einzuwerben. Gerade in den heißen Phasen einer Kampagne, in denen es darauf ankommt, sich flexibel und schnell auf neue politische Entwicklungen oder Attacken des Gegners einzustellen, benötigen die Kampagnen schnell und einfach zu erschließende Geldquellen.

Ein weiterer Vorteil des Internets ist die hohe Spendenkontrolle. Es gibt mittlerweile Anbieter, die den Kandidaten ihre Online-Spendeneingänge in Echtzeit darstellen. Spenderprofile können im Netz leichter erstellt und analysiert werden. Die positive Konsequenz: eine gezieltere Ansprache der eigenen Unterstützer.

Erste wissenschaftliche Studien des *Institute for the Study of Democracy and the Internet (IPDI)* an der *George Washington University* zeigen, dass das Onlinespenden immer wichtiger für politische Kampagnen wird. Die Scheu, seine Kreditkartennummer im Internet einzugeben, ist in den USA ebenso wie in Europa deutlich gesunken, weil man die Plastikkarte ja auch für Online-Shopping von Büchern, Filmen oder Kleidung nutzt. Naturgemäß spricht das Medium vor allem jüngere Aktivisten an, aber es spenden auch vermehrt Internetnutzer in den Altersklassen zwischen 45 und 65 Jahren online für Kampagnen.

Barack Obama nahm zu den intensivsten Zeiten des Vorwahlkampfes bis zu 94 Prozent seiner Spenden online ein, mehrheitlich in Beträgen unter 200 Dollar. Diese Quote ist zu Beginn des Hauptwahlkampfes etwas gesunken, denn Obama nutzte gerade in der vorbereitenden Phase des Rennens gegen McCain verstärkt die klassischen Tools wie Fundraising-Events oder Telefonmarketing.

Das Medium alleine garantiert aber noch keinen Spendenerfolg. Die Spenderansprache Obamas startete bereits sehr innovativ, er perfektionierte sie im Laufe seiner Kampagne aber noch mehrfach. In keiner E-Mail, in keinem Kampagnenbrief vergaß sein Team, die eigenen

Sympathisanten nach Geld zu fragen. Das erscheint deutschen Betrachtern gierig und schnöde, vor allem wenn die Spenderkommunikation den Eindruck einer austauschbaren Pflichtübung – z.B. in der Vorweihnachtszeit – oder einer zum x-ten Mal wiederholten PR-Technik macht. Obama hatte einen anderen Ansatz. Er sah Fundraising nicht als nötiges Übel an, sondern nutzte es proaktiv und hochintelligent, um Unterstützer und Wähler stärker an seine Kampagne zu binden und seine Botschaft zu verankern. Dazu bedurfte es eines glaubwürdigen Auftretens. Obamas Maxime lautete deswegen: Die Form der Spendenakquise muss stets im Einklang mit den übergeordneten Botschaften der Kampagne stehen.

Zum Beipiel mit den Themen „Unity" und „Change". Von Anfang an plante der junge Senator sein Fundraising als gruppenbildendes Projekt finanzieller Teilhabe. Community-Building war eine seiner Kernstrategien. Obama wollte sich als ein Kandidat des Volkes positionieren, abheben von den klassischen Politikern, die den Eindruck vermittelten, sie seien Sprachrohre finanzstarker Spezialinteressen und hätten die Bodenhaftung und den Kontakt zur Gesellschaft verloren. Bewusst nahm er keinen Cent von Interessengruppen an. Sein oberstes Ziel war es, den finanziellen Unterstützern das Gefühl zu geben, Teil einer politischen Bewegung zu sein. Im Jargon von Obama hieß das: „Du hast die Chance, einen Teil unserer Kampagne zu besitzen!" Dieser Volksaktienansatz funktionierte bereits in Frankreich sehr gut. Dort hatten Nicolas Sarkozy und seine Union pour un Mouvement Populaire (UMP) im Präsidentschaftswahlkampf 2007 sog. Sieger-Aktien ausgeben. Förderer konnten so viele dieser in 10 Euro gestückelten „Bons de la Victoire" erwerben wie sie wollten.

Auch Barack Obama stimulierte seine Spendenakquisition durch kreative Fundraisingaktionen, die zwei ganz wichtige Dinge beachteten. Sie formulierten a) stets ein konkretes Ziel und trugen b) eine klar artikulierte Botschaft in sich.

Zu Beginn der Kampagne rief Obamas Team mehrmals dazu auf, dem jungen Senator einen Tag des Spendensammelns auf elitären Fundraising-Dinnern zu schenken, damit er sich mehr Zeit nehmen konnte, direkt vor Ort mit normalen Wählern zu kommunizieren. Wahlkampf an der Basis anstatt Kaviar mit reichen Spendern, das war seine Botschaft und sie kam an.

Obama initiierte Gewinnspiele, an denen alle Spender teilnahmen, die fünf Dollar oder mehr an die Kampagne gegeben hatten. Der Hauptgewinn war u.a. ein Dinner mit dem Kandidaten, der sich einen Abend Zeit nahm, um mit seinen Sympathisanten über Alltagsprobleme, über Familie und Jobs zu reden. Mit dieser Aktion verfestigte Obama sein Image des unexzentrischen Kandidaten, der zuhören konnte und Menschen ernst nahm. Kurz vor dem Parteitag in Denver Ende August verloste Obama zudem Tickets für den Besuch der Convention, inklusive Backstage-Gespräch mit ihm kurz vor seinem großen Auftritt vor über 80.000 Menschen im Stadion der Denver Broncos. Hier war die Botschaft an die Spender: Geschichte wird geschrieben und Du kannst live dabei sein.

Quelle: www.barackobama.com

Immer wieder richtete das Obama-Team den Blick auf die visionäre Dimension der eigenen Fundraising-Bewegung. Im Monatstakt gab Obama neue Oberziele für die wachsende Spendergemeinde aus, die er als historisch und bahnbrechend umschrieb.

Quelle: www.barackobama.com

Zu Beginn der Kampagne sollte die 500.000-Spendermarke erreicht werden, die damals interessanterweise noch als ziemlich unrealistisch galt. Im Januar 2008 stockte Obama schon auf eine Million auf, im März wurde die 1,5 Millionen-Spendermarke gerissen, im August waren es schließlich über zwei Millionen Menschen, die einen Teil der Obama-Kampagne besaßen.

Unterstützer geben öfter und mehr, wenn sie genau wissen, wofür ihr Geld ausgegeben wird. Deshalb katalogisierte Obama konkrete Aufwendungen, die Spender für die Kampagne einkaufen konnten. So kostete eine Runde Pizza für Freiwillige 26 Dollar in Cleveland, Ohio. Für 115,50 Dollar konnte man 75 Werbetafeln in Cedar Rapids, Iowa, mieten.

Quelle: www.barackobama.com

An anderer Stelle bedankte sich das Obama-Team oft bei seinen Spendern, indem es ihnen TV-Spots per Web-Video zuschickte, die sie mit ihrer finanziellen Unterstützung möglich gemacht hatten.

Gerne verband Obama seine Spenderaufrufe mit aktuellen Wahlkampfereignissen. Immer wieder schuf er einen Zustand der Dringlichkeit, in seinem Wahlkampfjargon: *„moments of urgency".* Wöchentlich wies das Obama-Team auf die Millionen von Dollar hin, die John McCain im Verbund mit der Republikanischen Partei gesammelt hatte, um eine Negativkampagne gegen den jungen Senator anzuzetteln. Obama nutzte und intensivierte mit dieser Form der Ansprache das klassische Freund-Feind-Denken und schuf einmal mehr Emotionen, die ihm nützten.

Barack Obama nutzte seine wachsende, emotionalisierte Spendergemeinde nicht nur finanziell, um sich gegen Attacken der Gegenseite zu wehren. Sie diente ihm auch als moralischer Rückhalt. Als er sich entschied, als erster Kandidat seit dem Watergate-Skandal die öffentliche Wahlkampffinanzierung zu umgehen, um sich den rigiden Ausgabenobergrenzen zu entziehen, entkräftete er die Kritik McCains an seinem Vorgehen, indem er geschickt darauf hinwies, dass seine graswurzelfinanzierte Kampagne die bessere Alternative zu einem System sei, dass von Schlupflöchern und Umwegfinanzierungen geprägt ist.

Um dieser Aussage mehr Kraft und Glaubwürdigkeit zu verleihen, forderte Obama seine Unterstützer auf, mit einer Kleinspende ihre symbolische Unabhängigkeitserklärung *(Declaration of Independence)* vom dem seiner Meinung nach maroden Wahlkampffinanzierungssystem zu unterzeichnen.

Barack Obama entwickelte ein schlüssiges Fundraising-Konzept, das sich perfekt einfügte in seine übergeordnete Kampagnenphilosophie.
Konsequent integrierte er internetbasierte Innovationen der Spendenakquise in seinen Wahlkampf, die ihm nicht nur neue Finanzierungsrekorde bescherten, sondern auch seinem Auftreten als ANDERER Kandidat eine tiefere Glaubwürdigkeit verliehen.

Quelle: www.barackobama.com

Ist dies auch in Deutschland möglich? Kampagnen hierzulande operieren meist nicht unter den Bedingungen, die ein Barack Obama in den USA schaffen konnte, aber die Schaffung und konsequente Nutzung gesellschaftlicher Trends, das lässt sich übertragen. Hierzu gehören ein hoher Grad an Enthusiasmus und ein hohes Aktivitätslevel der Unterstützer innerhalb einer Kampagne. Speziell in diesen Punkten lässt sich Einiges von Barack Obama lernen.

Fundraising ist eine wichtige Komponente in jeder guten Kampagne. Gehen Sie selbstbewusst an die Spendenakquise heran. Haben Sie keine Scheu, nach Geld zu fragen! Fassen Sie Fundraising nicht als lästiges Beiwerk, sondern als wichtigen, integrierten Teil Ihrer Kampagnenkommunikation auf. Denken Sie immer daran: Spender müssen stets das Gefühl haben, ein aktiver und wichtiger Teil der Kampagne zu sein. Und: Trauen Sie sich Innovationen zu!

Meine Notizen und Ideen zum Thema:

Strategie 6:
Jede Information ist eine gute Information –
Targeting und Datenbanken

Wissen ist Macht. Dieses Credo hatte auch Barack Obama verinnerlicht. Sein Team sammelte eine unglaubliche Menge von Informationen und Daten, die ihm als Grundlage für eine effektive und glaubwürdige Ansprache der Wähler diente. So führte er eine extrem wissens- und datenbasierte Kampagne, die weit über die klassischen Methoden der Meinungsforschung und Gegnerbeobachtung hinausging.

Obwohl der junge Senator eine übergeordnete Botschaft der Einheit und Gemeinschaft verbreitete, er also auf die Kraft der inklusiven Rhetorik setzte, so hielt ihn das nicht davon ab, die Gesellschaft mit den modernsten Methoden des Targetings in feinste Segmente zu unterteilen. Denn je mehr Obama über das Elektorat wusste, umso gezielter, glaubwürdiger und lebensnäher konnte er die Bürger ansprechen. Jede Information ist eine gute Information, nach diesem Vorsatz handelte Obama von Beginn seiner Kampagne an. Die Grundlage für diese Form der Zielgruppenkommunikation bildete eine professionell aufgebaute und kontinuierlich erweiterte Datenbank, die Obama ein intelligentes Constituent-Relationship-Management ermöglichte. Damit ist das bisher meist von Unternehmen umgesetzte CRM (Customer Relationship Management) nun auch in der Politik gelandet, und da übernehmen einmal mehr die USA die Vorreiterrolle.

Unternehmen dies- und jenseits des Atlantik, allen voran Finanzdienstleister, Telekommunikationsunternehmen und Verlage nutzen Targeting-Methoden im Bereich des analytischen CRM oder Databasemarketing schon seit vielen Jahren. Targeting in der Tiefe, mit der Barack Obama es umsetzte, findet man jedoch selten. Die deutsche Politik ist in diesem Bereich hingegen erst am Beginn dieser Entwicklung. In Deutschland sind die Parteien noch weit davon entfernt, eine kontinuierliche, effektive und datenbasierte Zielgruppenansprache zu betreiben. Das ist fahrlässig, ermöglicht ein gutes Targeting doch, die verhältnismäßig geringen Kommunikationsbudgets optimal einzusetzen.

In den USA sieht das anders aus. Auf der Basis professioneller Datenakquise und intelligentem Datenbankmanagement setzten die politischen Kandidaten ihre Mittel so wirkungsvoll wie möglich ein. Auch Barack Obamas Kampagne sondierte das Wähler- und Unterstützerumfeld sehr genau. Zum einen legte sie frühzeitig fest, in welchen Wahlbezirken eines Bundesstaates sie den Hauptteil ihrer Ressourcen verwenden wollte. Hier konnte sich Barack Obama auf die Dienste des *National Committee for an Effective Congress* (NCEC) stützen, das seit Jahren Datenbanken über Wahlverhalten und Sozialstrukturen in sämtlichen Stimmbezirken der USA anlegt und pflegt. Auf Basis dieser Daten sind die Experten des NCEC in der Lage, für jeden noch so kleinen Wahlbezirk in Iowa, Nevada oder Ohio den sog. *Democratic Performance Index* (DPI) für einzelne Kandidaten zu errechnen. Der DPI gibt an, wo es sich lohnt, Ressourcen für die Überzeugung oder die Mobilisierung von Wählern einzusetzen.

In Bezirken beispielsweise, in denen Hillary Clinton eine sichere Hochburg hatte – dies waren vor allem ländliche, kulturell konservative Regionen – setzte Barack Obama weniger Wahlkampfmittel ein. Er fokussierte seine Anstrengungen auf Regionen, die aufgrund ihrer Altersstruktur, ihres Minderheitenanteils, Einkommensgrades oder ihrer Bildungsverteilung einen echten elektoralen Mehrwert für ihn besaßen. Nicht ohne Grund mobilisierte er verstärkt Afroamerikaner in den Innenstädten, sprach er gezielt junge Studenten in den College-Gemeinden an und kommunizierte passgenau mit der weißen, progressiven Mittelschicht in den Vororten größerer urbaner Zentren.

Zum anderen realisierte sein Team die Ansprache von feiner segmentierten Zielgruppen mit den neuesten Formen des sogenannten Mikrotargetings. Ziel war es dabei, zusätzliche Wähler zu finden, die nicht als Demokraten registriert waren, die vielleicht sogar inmitten einer republikanisch-konservativen Hochburg lebten, aber aufgrund ihres Lebensstils, ihrer Themenpräferenz oder ihrer Wertvorstellungen zu Obama tendierten.

Als Grundlage für diese individuelle Zielgruppenansprache dienten Kontaktdaten von über 200 Millionen US-Wählern, die der Dienstleister *Catalist* mit einer Fülle von auf dem Markt verfügbaren Informationen über Lebensstile und Freizeitverhalten ergänzte – in der Fachwelt nennt man diesen Prozess *enhancement*. Der Hintergrund: Unternehmen, ebenso wie politischen Kandidaten, ist es in den USA möglich, eine Fülle von Daten über das Konsumverhalten, die Mediennutzung oder die Wertvorstellungen einzelner Bürger zu sammeln und auszuwerten.

Ergänzt wurden diese Wählerdaten durch Informationen, die die Obama-Kampagne selbst sammelte. Frühzeitig nutzte der Kandidat seine Freiwilligen, um Bürger telefonisch oder an der Haustür nach ihren Themen- und Kandidatenpräferenzen zu befragen und die Antworten entsprechend zu speichern. Diese Methode, im Wahlkämpferjargon *ID-ing* genannt, brachte eine Fülle von zusätzlichen Informationen zu Tage. Schätzungen zufolge schaffte es Obama in der Endphase des Vorwahlkampfes mithilfe seines großen Netzwerkes von Unterstützern, mehr als 300.000 *IDs* pro Woche anzulegen. Das ist ein extrem hoher Wert im Vergleich zu anderen Kampagnen.

Um Muster in diesen riesigen Mengen von Individualdaten zu erkennen, beauftragte die Obama-Kampagne Meinungsforschungsinstitute, die Umfragen mit großen Stichproben durchführten. Kern dieser Umfragen war es, Menschen nach ihren politischen Präferenzen und Wertvorstellungen zu befragen. Die Antworten benutzte Obamas Datenguru Ken Strasma, um sogenannte Lebensstil-Cluster zu erstellen, die er dann mit den Informationen aus den Wählerdatenbanken korrelieren ließ. Heraus kamen Wählercluster mit Bezeichnungen wie der *„umweltbewusste iPhone-Nutzer mit Collegeabschluss zwischen 30 und 40 Jahren"* oder *„allein erziehende Mütter mit Teilzeitjob in Vorstädten"*, deren Affinität zu Barack Obama bzw. zur Demokratischen Partei klar geworden war.

So war es der Kampagne möglich, mit komplexen statistischen Verfahren die Wahrscheinlichkeit zu errechnen, mit der diese unterschiedlichen Wählergruppen zur Wahl Obamas neigten. Dieses Ausfindigmachen von neuen, ihm zugeneigten Wählersegmenten anhand von Lebensstil-Analysen war für Obama besonders wichtig, setzte er im Vorwahlkampf doch darauf, Wähler abseits der Stammklientel der Demokraten zu finden. Und seine Rechnung ging auf. Mit großem Erfolg mobilisierte er so fein segmentierte Gruppen von moderaten Republikanern und als unabhängig registrierten Wählern, sog. *Independents*, um die fehlenden Prozentpunkte ihm Kampf gegen Hillary Clinton zu erlangen. Nicht zufällig erhielten unentschlossene iPhone-Nutzer in Virginia einen Brief oder eine E-Mail, die Obamas Problemlösungskompetenz in Fragen der Klimapolitik deutlich machten. Nicht aus heiterem Himmel klopften Freiwillige der Kampagne an die Türen von allein erziehenden, Obama-affinen Müttern in den Vororten von Cleveland, um mit ihr über Vorschläge zum Ausbau der Kindertagesbetreuung zu sprechen.

Diese Daten ermöglichten es Obama, keinen sturen Einheitswahlkampf für alle zu führen, sondern eine flexible, passgenaue Einordnung der Wähler nach ihren politischen Überzeugungen und nach ihrem Lebensumfeld vorzunehmen. Wer jetzt glaubt, dies sei in Deutschland aufgrund einer rigideren Datenschutzgesetzgebung nicht möglich, irrt. Zwar ist die gesetzliche Ausgangslage deutlich anders als in den USA, aber auch hierzulande ist vieles innerhalb des legalen Rahmens machbar. Bisher wird aber schlicht und ergreifend von vielem, was auch gesetzlich möglich ist, kein Gebrauch gemacht.

Barack Obama sammelte aber nicht nur Informationen über einen großen Pool von potentiellen Wählern, sondern auch Daten über seine aktiven Unterstützer. Eine seiner obersten Prioritäten war es, eine eigene Adressliste mit Anhängern und freiwilligen Helfern anzulegen. Dies tat sein Team offline wie online.

Auf jeder noch so kleinen Wahlkampfveranstaltung wartete am Ausgang ein Heer von Freiwilligen auf die Besucher, um Informationskarten auszuteilen. Frisch inspiriert von Obamas Rhetorik konnten die Zuhörer dort ihre Unterstützung für den Kandidaten bekunden, indem sie ihm nicht nur ihre Adresse hinterließen, sondern auch eine Tätigkeit angaben, die sie gerne für die Obama-Kampagne ausüben wollten. Von Hausbesuchen über Telefonanrufe bis hin zur Organisation von Wahlkampfpartys war alles möglich. Die Karten konnten sie gleich vor Ort ausfüllen oder portofrei an die Kampagne zurücksenden.

Herzstück der Datenakquise unter den eigenen Unterstützern war jedoch das Internet. Obama nutzte jede Gelegenheit, um an die E-Mail-Adressen seiner Anhänger zu gelangen. Rief man das Portal des Kandidaten unter www.barackobama.com auf, so erschien als erstes ein Fenster - eine sog. Vorlaufseite - in das man seine E-Mail-Adresse eintragen sollte. Nur ganz am unteren Rand fand sich die Funktion „Skip Signup". Diese Aktion schien gewagt, da man den Zugang zur Kandidatenseite in der Regel so leicht wie möglich gestalten möchte. Obama hatte aber das nötige Selbstbewusstsein und das nötige Vertrauen in die Anziehungskraft seiner Person, um dieses Signup-Fenster vorzuschalten.

Auch die Anmeldung im kandidateneigenen sozialen Netzwerkportal MyBo beinhaltete das Anlegen eines Profils samt persönlicher Daten und E-Mail-Adresse. Leitete man ein Video des Kandidaten über die Webseite Obamas weiter, so erfasste das System sogleich die Daten der einbezogenen Freunde oder Bekannten und nahm sie automatisch in die E-Mail-Liste auf. Der Erfolg dieser aggressiven Akquise-Methoden gab Obama Recht. Bereits am Ende des Vorwahlkampfes umfasste seine Liste ca. fünf Millionen Mitglieder.

Eine umfangreiche Wähler- und Unterstützerliste zu generieren war für Obamas Kampagnenteam aber nur der Anfang. In einem zweiten Schritt ging es darum, diese Daten zu managen und zielgenau einzusetzen, also ein professionelles Constituent-Relationship-Management zu betreiben. Ein solches CRM ist eine logistische und kommunikative Meisterleistung, die nur mit modernster Technik und flexiblen, crossmedialen Kommunikationsplänen zu erreichen ist. Grundvoraussetzung dafür ist eine integrierte und automatisierte Datenbank, wie sie Barack Obamas Team in mühevoller Arbeit aufgebaut hatte.

Um seine Daten effektiv für die Wähleransprache im Wahlkampf zu nutzen, verwendete er u.a. das sog. *Voter Activation Network* (VAN). Der VAN ist ein einheitliches Online-Tool, mit dem Berater wie Freiwillige Zugriff auf die Daten der nationalen Wahlkampfzentrale besaßen. Gesteuert mit Informationen aus Chicago waren Obamas Helfer buchstäblich in der Lage, Adressdaten, Telefonnummern oder Stadtkarten mit individualisierten Wählerinformationen über ein gemeinsames Programm abzurufen. Zudem ermöglichte es VAN den Freiwilligen, nach dem Kontakt mit Wählern vor Ort Feedback-Informationen in das Datenbanksystem einzupflegen.

Obama betrieb auch online ein professionelles Datenbankmanagement, das er für die Ansprache im Internet einsetzte. Wie Thomas Gensemer, Geschäftsführer von Obamas Internetberatung verriet, überprüfte das Team die Rückmeldungen auf sämtliche E-Mails. Obamas Kampagne wusste genau, welcher Unterstützer auf welche Aktion – sei es die Aufforderung zum Spenden oder die Teilnahme an einer Veranstaltung – reagiert hatte. So konnten sie die Nutzer nach unterschiedlichen Aktivitätsgraden einordnen. Sie kannten sogar die Uhrzeit, zu der man regelmäßig seine E-Mails öffnete, um das Versenden der elektronischen Post zeitlich und individuell besser timen zu können.

Auch auf MyBo bekam jeder Nutzer seinen eigenen Aktivitätsindex zugeordnet. Jede Aktion für den Kandidaten brachte Punkte ein. So stachelte das Team nicht nur das Konkurrenzdenken unter den Usern an, sondern es besaß einen sichtbaren Maßstab, der Auskunft über die Intensität gab, mit der man Obama unterstützte. Dieses Wissen nutzte die Kampagne, um differenzierte Botschaften an ihre Unterstützer zu versenden. Aktive Nutzer sprach sie öfter und intensiver an, mit deutlich emotionaleren Insider-Botschaften. Elektronische Mitläufer behandelte die Kampagne behutsamer. Sie bekamen weniger E-Mails und Aufrufe zugeschickt, auch der Ton der Botschaften war sachlicher.

Professionell und datengestützt, so verlief der Wahlkampf Obamas. Konsequent sammelte und nutzte sein Team Informationen über das Marktumfeld, über Zielgruppen und Anhänger, um kommunikative Streuverluste zu vermeiden. So wuchs Obamas Datenbank Stück für Stück zur wahrscheinlich heute größten Datenbasis im politischen Amerika – ein unermesslicher Schatz nicht nur für den Hauptwahlkampf, sondern auch für die Zeit danach, unabhängig vom Ausgang der Wahl.

Obamas Erfolg basierte dabei auf einer taktisch klugen Doppelstrategie. Seine Kampagne kleidete er in den bereits erwähnten inklusiven Rahmen, der von den übergeordneten Botschaften Einheit, Hoffnung und Wandel eingefasst wurde. Diesen Rahmen füllte er aber mit einer sehr differenzierten, passgenauen, individualisierten Wähleransprache. Mit Botschaften also, die er nicht nach dem Gießkannenprinzip über die Gesellschaft ausschüttete, sondern an den individuellen Kriterien und Wünschen einzelner Wähler orientierte.

Ansatzweise, aber nicht in der Tiefe und Konsequenz eines Barack Obama, realisieren das in Deutschland bisher meist nur kommerzielle Unternehmen im Rahmen ihrer CRM-Strategien, und viele davon gelten heute als gescheitert oder optimierungsbedürftig. Ebenso wie die Parteien sind sie aber bei der Umsetzung individualisierter Botschaften und Prozesse – ganz abgesehen von individualisierten Service- und Partizipationsangeboten – oft noch weit entfernt von der im US-Vorwahlkampf erlebten Praxis. Meist scheitern entsprechende Projekte in Deutschland nicht an Datenrestriktionen, sondern an interner Politik, unzureichendem Knowhow des Projektmanagements und fehlender Flexibilität der Organisationsstrukturen.

Natürlich sind die rechtlichen Rahmenbedingungen für eine effektive Zielgruppenansprache in Deutschland begrenzter als in den USA, aber das sollte niemanden davon abhalten, Daten – insbesondere freiwillig gegebene Daten – über Zielgruppen zu sammeln und diese kreativ einzusetzen. Die Vorteile einer solchen Strategie liegen auf der Hand: Unternehmen, Parteien und Organisationen würden nicht mehr an ihren Kunden und Interessenten vorbeikommunizieren, sondern ihnen Informationen senden, die nah an ihrer Lebenswirklichkeit sind. „Unsere Kundinnen sollen nicht das Gefühl haben, wahllos mit Werbung zugeschüttet zu werden." So fasst z. B. Heike Aufterbeck, Director Marketing Geschäftsbereich Parfümerie den Erfolg der Douglas-Kundenkarten zusammen, auf denen Informationen zu den Kunden und den von ihnen gekauften Produkten gesammelt werden. So ergibt sich ein digitales Bild der Kunden und ihrer Vorlieben, die sich wiederum informiert und gut beraten fühlen. Das schafft Glaubwürdigkeit und Vertrauen. Das gleiche gilt für die Politik.

Wie oft ist der Vorwurf enttäuschter Bürger zu hören, Parteien nähmen ihre konkrete Lebenswelt nicht mehr wahr. Targeting ist ein Weg, dieses Gefühl der Politikverdrossenheit zu entkräften, weil Bürger wieder mit den Themen angesprochen werden, die für sie relevant sind.

Barack Obamas Grundsatz *„Jede Information ist eine gute Information"* kann deutschen Unternehmen und politischen Institutionen also durchaus als Anleitung dienen. Denn wie die nächsten Kapitel zeigen werden, gibt es nichts Effektiveres als die direkte, persönliche Ansprache. Die Grundlage für eine solche Strategie ist ein intensives Wissen über den jeweiligen Markt und die eigenen Zielgruppen.

Wissen ist Macht! Sammeln Sie Daten, um Ihre Zielgruppen kennen und verstehen zu lernen! So vermeiden Sie Streuverluste. Setzen Sie übergeordnete Botschaften, aber füllen sie diese mit einer passgenauen, individualisierten Ansprache Ihrer potentiellen Kunden oder Wähler! Bauen Sie sich mittel- und langfristig eine eigene, einheitliche Datenbank mit Adressen auf und managen Sie diese professionell!

Meine Notizen und Ideen zum Thema:

_____

_____

_____

_____

_____

_____

_____

_____

_____

_____

_____

_____

_____

_____

_____

_____

_____

Strategie 7:
Je persönlicher, desto besser –
Die neue Ära des Direktmarketings

Die Medien des Direkt- und Dialogmarketing werden seit Jahren höchst professionell in amerikanischen Wahlkämpfen eingesetzt. Barack Obama nutzte das Internet, das Mailing, das Telefon und den Hausbesuch in dieser Wahlsaison aber intensiver und konsequenter als alle Kandidaten vor ihm. Die Gründe dafür lagen auf der Hand. Zum einen hatte er sich zum Ziel gesetzt, ungefiltert und authentisch mit seinen Wählern zu kommunizieren. Die persönliche, direkte Ansprache der Bürger, das war seine oberste Maxime. Er wollte in einen echten Dialog mit der Basis treten und dafür boten sich die Medien des Dialogmarketings geradezu perfekt an. Zum anderen war gerade zu Beginn seines Vorwahlkampfes die etablierte Presse nicht gerade hochinteressiert an ihm und es galt deshalb eigene Kommunikationskanäle zu nutzen – eine Strategie, die für mittelständische Unternehmen ebenso wie Oppositionsparteien durchaus als geeignet erscheint.

Obama hob seine Wahlkampfphilosophie *„Je persönlicher, desto besser"* zudem auf eine bisher nie erreichte Stufe der Interaktion zwischen Politiker und Wähler, eine Interaktion, die nicht nur eine unglaubliche Zahl an loyalen Unterstützern motivierte, sondern auch Menschen an ihn und seine Partei heranführte – vor allem Jung- und Erstwähler –, die sich bisher nie politisch engagiert hatten oder schlicht und einfach aufgehört hatten wählen zu gehen.

Auch wenn uns Europäern die amerikanischen Wahlkämpfe immer noch äußerst fernsehzentriert erscheinen, so nimmt das Direkt- und Dialogmarketing mittlerweile einen stetig wachsenden Stellenwert ein, der deutlich höher angesiedelt ist als in Deutschland. Zahlen belegen diesen Trend: Gaben in den *National Elections Studies* (NES) 1996 noch 26 Prozent der US-Bürger an, persönlich von einer der beiden Parteien kontaktiert worden zu sein, so waren es 2004 bereits 43 Prozent.

Die Republikaner gaben im Präsidentschaftswahlkampf 2004 mehr als 125 Millionen Dollar für den Einsatz des Telefons, des Briefes, für Hausbesuche und Emails aus. Die Bush-Kampagne allein rekrutierte damals 1,4 Millionen Freiwillige und sammelte knapp sieben Millionen E-Mail-Adressen. Während des Kongresswahlkampfes 2006 klingelten allein am Tag vor der Wahl mehr als fünf Millionen Telefone von Menschen, die zum Urnengang mobilisiert werden sollten. Auch die Gewerkschaften machten 2006 über 8 Millionen (!) Hausbesuche, verschickten über 11 Millionen Direct Mailings und verteilten 14 Millionen Flugblätter.

2008 nutzte auch Hillary Clinton die Medien des Dialogmarketing intensiv. Bis März 2008 hatte sie dafür mehr als 8 Millionen Dollar ausgegeben. Sie bat per Direct Mailings um Spenden und erläuterte ihre Programmpunkte, lud online zu Debatten ein, sie ließ ihre Unterstützer über ihren Kampagnensong abstimmen und ging in vielen Bundesstaaten selbst von Haus zu Haus, um persönlich mit unentschlossenen Wählern zu sprechen.

Barack Obama war es aber, der umfassender als seine Wettbewerber daran glaubte, dass die Zeiten vorbei waren, in denen Fernsehwahlkämpfe das A und O jeder Kampagne darstellten, die Zeiten, in denen der republikanische Wahlkampfguru Roger Ailes, späterer Chef von Fox News, offen in einem Interview bekennen konnte: *„The street crap doesn't matter!"* – Der Straßenkram zählt nicht. Für Obama blieb das Fernsehen zwar weiterhin wichtig, um das nötige Hintergrundrauschen der Kampagne zu erzeugen, die effektive und gleichzeitig höchst authentische Erreichbarkeit und Mobilisierung von Menschen organisierte er aber über die Medien des Dialogmarketings. Für ihn kam es nach Jahrzehnten massenmedialer Inszenierung von Politik mit TV-Spots und Fernsehdebatten wieder darauf an, so direkt und so dialogorientiert wie möglich mit Wählern zu kommunizieren.

Obama hat diese neue Wahlkampfphilosophie nicht selbst entwickelt. Sie basiert auf einem Trend, den interessanterweise die Gewerkschaften in den USA angestoßen hatten, als sie in den 1990er Jahren die Renaissance der direkten Kommunikation feierten, um sich aus dem dominanten Griff des Fernsehens zu lösen. Auf die verheerende Niederlage der

Demokraten bei den Kongresswahlen 1994 antwortete der Dachverband der Gewerkschaften, die *AFL-CIO*, zunächst noch traditionell mit einer groß angelegten TV-Kampagne, die 26 Millionen Dollar verschlang. Die zeigte aber kaum Effekte. In einem Interview erklärte Steve Rosenthal, der damalige Kampagnenleiter des *AFL-CIO*, den Mentalitätswandel, der bei den Gewerkschaften nach diesem Fiasko eintrat. Rosenthal, einer der Vordenker von Direktmarketingansätzen in der Politik, bemerkte, dass in Zeiten der medialen Reizüberflutung viele 30-Sekunden-Spots entweder gar nicht gesehen wurden oder in der Masse der Werbung untergingen, eine Situation, die wir auch in Deutschland gut kennen.

Steve Rosenthal hatte sich während des 1996er Wahlkampfes sogar mehrere TV-Geräte in sein Hotelzimmer stellen lassen. Parallel notierte er alle TV-Spots, deren Inhalt und Anzahl, und kam mit einem simplen Eindruck zurück in die Gewerkschaftszentrale: *„Ich war in der Lage zurückzukommen und zu sagen, 'Ich war in Stimmbezirk X und unsere TV-Spots laufen dort in der Rotation mit dieser Werbung und jener Werbung. Aber wenn Du ein Wähler bist, dann siehst Du wenig von uns. Es gab unserer gesamten Strategie eine ganz andere Perspektive.“* Rosenthal überzeugte die Gewerkschaftsführer, sich wieder auf die fundamentalen Instrumente des Basiswahlkampfes zu konzentrieren, die auch den Erfolg der mitgliederreichen Gewerkschaften über all die Jahre ausgemacht hatten. Rosenthal: *„Wir fanden heraus, dass es der beste Weg war, Menschen wieder im direkten Gespräch in die Kampagne einzubeziehen.“* Es ging um die persönliche Ansprache der Mitglieder und Wähler, um Briefe, Flyer, Telefonanrufe und das direkte Gespräch zwischen Kollegen am Arbeitsplatz, um den Dialog mit der Basis.

Mit großem Erfolg schichtete der *AFL-CIO* daraufhin sein Budget komplett um, weg von den horrenden Ausgaben für TV-Spots hin zu den klassischen Instrumenten des Direktmarketings. In Deutschland ist dieser *budgetshift* weg von den klassischen Methoden hin zum Dialog in einigen Branchen ebenfalls zu beobachten und 2007 wurden insgesamt mehr als 32 Milliarden für direkte Kommunikation ausgegeben. Dennoch werben viele Unternehmen – auch die Politik – wie in den guten, alten Zeiten, per Plakat, Anzeige und Internetseiten der Generation 1.0. Und das, obwohl Reichweiten und Auflagen kontinuierlich sinken und Werbung in der täglichen Informationsflut oft untergeht, weggeschaltet oder weggeworfen wird.

Wissenschaftliche Studien einer Forschergruppe um die Yale-Professoren Alan Gerber und Donald Green bestätigten die richtige Intuition Steve Rosenthals. Sie fanden in zahlreichen Tests zur Wählermobilisierung heraus, dass sich sowohl die Effektivität der Kommunikation als auch die Verankerung der Botschaften steigert, wenn sie auf direkten Wegen stattfindet. Ihre Grundthese lautete: Je persönlicher die Ansprache, desto glaubwürdiger und aktivierender wirkt die Kommunikation. Sie fanden zum Beispiel heraus, dass sich die Wahlbeteiligung von Testpersonen um drei bis vier Prozent steigerte, wenn sie zuvor mit Telefonanrufen zum Urnengang aufgerufen worden waren. Ein direkter Kontakt an der Haustür oder am Arbeitsplatz erhöhte die Wahlbeteiligung sogar um sieben bis zwölf Prozent. Eine deutsche Nichtwähler-Aktivierungsstudie per Brief, durchgeführt anlässlich der Landtagswahl in Rheinland-Pfalz 2006, zeigte ähnliche Ergebnisse. 19 Prozent der Empfänger gaben an, dass der versandte Mobilisierungsbrief ihnen den entscheidenden Anstoß zum Urnengang gegeben hatte.

Eine weitere Faustregel kam im Laufe all dieser Studien zu Tage: Freiwillige sind die besten Kampagnenbotschafter, weil sie glaubwürdiger mit ihren Zeitgenossen kommunizieren als professionelle Marketingteams; ein Aspekt, den sich heutzutage schon erste Agenturen zu Nutze machen, die das sog. Word-of-Mouth-Marketing für ihre Kunden umsetzen.

Auch die Republikaner registrierten diese Studien, setzten die Einsichten aber lange Zeit nicht um. Erst der Präsidentschaftswahlkampf George W. Bushs gegen Al Gore, der mit 534 Stimmen Unterschied in Florida entschieden worden war, veranlasste den republikanischen Beraterstab um Karl Rove zu einem fundamentalen Kurswechsel in der eigenen Kommunikation. Nach internen Analysen hätte Bush weitaus deutlicher gegen Gore gewinnen müssen. In der Endphase des Wahlkampfes vermochten es die Demokraten mit Hilfe der Gewerkschaften und anderer Interessengruppen aber, mehr Menschen zu mobilisieren als es die Umfragen vorhergesagt hatten. Aus dieser Erfahrung heraus setzte die Partei eine sog. *72 Hour Task Force* ein. Die Arbeitsgruppe sollte Konzepte entwickeln, wie die Kommunikation in der Schlussphase des Wahlkampfes verbessert werden konnte. Sie tat mehr als das: Unter der Ägide des umtriebigen Kommunikationsgurus Ken Mehlman kam es nicht etwa zu einem verhaltenen Drehen an der einen oder anderen PR-Schraube; auf Grundlage der Erfahrungen von Gewerkschaften, Wissenschaftlern und Praktikern entwickelte Mehlman zusammen mit Rove eine ganz neue Wahlkampfphilosophie für die Partei, die gezielter als zuvor auf die Kraft des direkten Marketings setzte.

Zu lange hatte sich die Republikanische Partei von der Macht des Fernsehens verzaubern lassen. Nun ging sie integrativer vor. Um es in den Worten von Ken Mehlman zu sagen: *„In einer Welt, in der Menschen mehr als 100 TV-Kanäle im durchschnittlichen Haushalt haben; in einer Welt, in der Zuschauer Fernbedienungen besitzen; in einer Welt, in der Bürger tausende von elektronischen Nachrichten pro Woche erhalten, ist der alte Weg der Kommunikation – nämlich Spots zu produzieren und sie im nationalen oder lokalen Fernsehen zu senden – nicht mehr zeitgemäß. [...] Ein Reichtum an Informationen kreiert eine Armut an Aufmerksamkeit."* Um diese mediale Reizüberflutung zu durchbrechen, bedarf es des Direktmarketings.

Das Republican National Committee (RNC) baute deswegen ihr seit den 1980er Jahren vorhandenes Direct-Mailing-Programm aus und errichtete ein weitreichendes Netzwerk von Freiwilligen, das in der Endphase des Präsidentschaftswahlkampfes 2004 mehr als 1,4 Millionen Aktivisten umfasste. Freiwillige, sogenannte *Volunteers* gab es genug, verfügte die Partei doch über eine motivierte Basis von jungen konservativen Sympathisanten. Neben dem intensiveren Einsatz von Briefen lehnte sich das Bush-Team gezielt an ein Vertriebskonzept an, das Firmen wie Amway oder Tupperware schon seit Jahren praktizierten.

Das sog. Multi-Level-Marketing (MLM) basiert auf der Idee, dass es keine besseren Botschafter einer Nachricht oder eines Produktes gibt, als die Menschen selbst; Menschen, die dezentral an der Basis agieren und nah bei den Kunden sind. Das bedarf zwar einer aufwändigen Organisation, hat aber den Vorteil, dass Botschaften unmittelbarer und lebensnaher weitergegeben werden. Dieser Ansatz ist sehr dezentral und macht den Anschein einer lose verkoppelten Anarchie, er basiert aber auf einer klaren, hierarchischen Steuerung. Was kommuniziert wird, das gibt die Zentrale in eindeutigen Richtlinien vor. Wie kommuniziert wird, das entscheiden die Menschen vor Ort, die die Sprache derer sprechen, die sie überzeugen wollen. Drei Jahre später nutzte Barack Obama ebendiese Methoden für seinen Wahlkampf.

Bevor genauer auf Obamas innovative Anwendung der neuen, basisorientierten Dialog-Konzepte eingegangen wird, sollen vorab kurz die einzelnen Instrumente des Direkt- bzw. Dialogmarketings beschrieben werden.

1. Das Direct Mailing/ der Werbebrief

Der Brief ist weiterhin das beliebteste Medium der persönlichen Ansprache in den USA. Seine Vorzüge liegen in der leichten Handhabbarkeit und hohen Individualisierbarkeit. Es bedarf keines breitflächigen Netzwerkes von Freiwilligen, um die Botschaft zu verbreiten. Oft reichen ein gut gemachter Brief, ein eindringliches Layout und eine professionelle Adressdatenbank. Die Kontrolle über die eigene Kommunikation ist hoch. Liest der Empfänger die Botschaft, dann steigt die Chance, dass die Nachricht ungefiltert übermittelt wird. Der Brief ist nicht nur für die Überzeugung unentschiedener Wähler oder Konsumenten, sondern gerade auch für die Mobilisierung eigener Anhänger geeignet, denn per Brief können emotionale Botschaften kommuniziert werden, die nicht für eine breitere Öffentlichkeit bestimmt sind. In den USA erschwert die hohe Zahl von Mailings und Postwurfsendungen es den Werbern zusehends, die Aufmerksamkeitsschwelle der Bürger zu überschreiten. In Deutschland ist diese Situation deutlich weniger ausgeprägt und bietet insbesondere politischen Mailings hohe Aufmerksamkeit. Eine Studie von dimap im Frühling 2008 beweist sogar, dass politische Mailings eine höhere Aufmerksamkeit im Briefkasten erregen als Mailings von NGO´s oder Unternehmen. Ein Mailing der Hamburger Bürgerschaftswahl im Februar 2008 zum Beispiel wurde 77% geöffnet, gut 10% öfter als das durchschnittliche kommerzielle Mailing. In Deutschland muss somit nicht im übergroßen Postkartenformat produziert werden, welches die

Botschaft zeigt, ohne dass es überhaupt geöffnet werden muss – wie es in den USA mittlerweile üblich ist. Dennoch ist auch in Deutschland mehr Kreativität und Innovation für Mailings gefragt. Dies betrifft Formate ebenso wie grafische und verbale Inhalte.

2. Telefon/ Telemarketing

Telefonmarketing ist ein beliebtes Mittel des Direktmarketings. In den USA gehört es mittlerweile zum Standardrepertoire des Wahlkampfes, in Deutschland wird es hierfür jedoch nur punktuell genutzt und unterliegt insgesamt strengen gesetzlichen Regulierungen. Generell gibt es zwei Arten, das Telefon für die eigene Kampagne zu nutzen. Zum einen besteht die Möglichkeit, aufgezeichnete Ansagen von prominenten Persönlichkeiten und Werbeträgern vom Band abspielen zu lassen, die sogenannten *automated phone calls*. Zum anderen kann man Telefone mit Freiwilligen besetzen, die nach einem fixen Skript oder auch frei von jeglicher Vorgabe ausgesuchte Zielpersonen anrufen *(phone banks)*. Die Yale-Professoren Gerber und Green fanden heraus, dass Telefonkampagnen effektiv sind und ihre Wirkung vor allem dann entfalten, wenn motivierte, unbezahlte Freiwillige anrufen. Auch hier zeigt sich wieder: Je persönlicher und authentischer die Ansprache, desto effektiver die Kommunikation.

3. Hausbesuche/ Door-to-Door Canvassing

Der direkteste aller Kontakte ist das physische, persönliche Gespräch. In den USA sind Hausbesuche, das sog. door-to-door canvassing, wieder im Trend. Schon früh in der Kampagne werden Freiwillige eingesetzt, um Wähler an deren eigener Haustür nach ihren politischen Präferenzen zu befragen, sie zum Mitmachen in der Kampagne zu motivieren oder einfach nur um Handzettel zu verteilen. In den letzten Tagen vor der Wahl kommt es dann darauf an, ausgesuchte Wähler so persönlich wie möglich anzusprechen, um sie zum Wahlgang zu mobilisieren, sie an die Öffnungszeiten der Wahllokale zu erinnern oder ihnen Fahrdienste zum Ort der Abstimmung anzubieten. Effektiv ist es, Freiwillige aus der unmittelbaren Nachbarschaft einzusetzen. Das erhöht die Glaubwürdigkeit der Botschaft. Das große Plus des *door-to-door canvassing* ist dabei ganz klar die Unmittelbarkeit der Kommunikation. Ihr Nachteil liegt im hohen organisatorischen Aufwand, den die Koordination, Verpflegung und z. T. auch das Beherbergen der Freiwilligen mit sich bringt. Ein Netz von motivierten Volunteers aufzubauen ist zudem nicht leicht, kann aber gelingen, wenn man die richtige Botschaft und den richtigen Kandidaten hat, wie im Falle Barack Obamas.

4. Internet/ E-Mails

Das Internet ist das am schnellsten wachsende Direktmarketinginstrument. Seine Eigenschaften machen es zu einem sehr interessanten Tool, ist es doch eine Art Meta-Kommunikationskanal, der Brief (E-Mail), TV (Web-Video, You Tube) und Telefon (VoiceOverIP) in sich vereint. Großer Vorteil des Internets ist sicherlich seine kostengünstige Nutzung, die bei ca. einem Fünftel von Direct Mailings oder Telefonkampagnen liegt. Klarer Nachteil ist die hohe Kommunikationsdichte und Fragmentiertheit des *World Wide Web*, die es extrem erschwert, Botschaften bei den richtigen Zielgruppen zu verankern. Zudem ist es - ebenso wie die Werbung per Fax in Deutschland - gesetzlich streng reguliert. Ziel muss es deswegen in den USA wie in Deutschland sein, mittel- und langfristig eine eigene E-Mail-Liste mit selbst gesammelten Adressen aufzubauen und zu pflegen, die dann wohl dosiert aktiviert werden kann. Barack Obama hat dafür höchst kreative Lösungen entwickelt, die im Verlauf des Kapitels noch dargestellt werden.

In der Tat kommt es beim Direktmarketing auf die richtige Dosierung und den richtigen Ton an. Die persönliche Ansprache ist immer auch ein Kontakt mit der Privatsphäre des Einzelnen, der nicht zu oft und zu dreist praktiziert werden sollte. Gute Kommunikationspläne setzen deswegen die Instrumente des Direktmarketings stetig, aber behutsam und mit viel Respekt gegenüber den Wünschen des Verbrauchers oder Wählers ein. Drei bis vier Briefe, vier bis fünf Anrufe oder Hausbesuche, eine schonende Anzahl von E-Mails, das sind wichtige Vorgaben, die eine gute Kommunikationsplanung berücksichtigt.

Entscheidend ist es zudem, crossmedial zu denken und zu handeln, d.h. den Einsatz klassischer Medien wie Print oder TV nicht als Nullsummenspiel mit dem Direkt- und Dialogmarketing zu betrachten, sondern sie unter einem kommunikativen Dach miteinander zu vernetzten. Häufig ist die Kampagnenführung - gerade hierzulande - noch zu wenig integriert. Sie hat sich noch nicht optimal auf den heutigen 360-Grad-Kunden eingestellt, der nicht nur selbstbewusst und emanzipiert geworden ist, sondern auch selbstbewusst Kommunikation aus einem Guss erwartet. Von der internen Kommunikation bis hin zum Agentursetting wird leider aber heute immer noch oft viel zu linear gearbeitet. Der Klassiker findet den Direktmarketingprofi platt, umgekehrt erklärt der Direktmarketingprofi den Klassiker für ineffektiv. Das ist unprofessionell und unzeitgemäß, viel schlimmer: es mindert den Kommunikationserfolg.

Barack Obama zeigte, wie es besser geht. Sein Erfolg lag in der unbeirrten Ausrichtung seiner Kampagne an einer dialogorientierten, integrierten Kommunikationsphilosophie. Er entschied sich zusammen mit seinem Berater David Axelrod dafür, einen Mix aus progressivem Internetwahlkampf und modernisierter Graswurzelkampagne zu machen. Hier lag der Schlüssel für seinen Erfolg, stach er Clinton doch gerade in den Staaten aus, in denen es vor allem auf eine gute Basisorganisation ankam und weniger auf einen hohen Fernsehwerbeetat.

Ein wichtiges kommunikatives Standbein für Obama war zunächst der Brief. Mit Larry Grisolano und Peter Giangreco hatte sich der junge Senator zwei erfahrene Berater der Chicagoer Direct-Mail-Firma *The Strategy Group* ins Boot geholt, die die Kampagne von Anfang an entscheidend prägten. Obama vertraute Grisolano im Hauptwahlkampf sogar das Amt des Medienkoordinators an. Das zeigt den Stellenwert, den er seinem Direct-Mail-Fachmann beimaß.

Obamas Briefwahlkampf zielte darauf ab, den Kandidaten so authentisch wie möglich darzustellen. Der Kandidat war klug genug gewesen, sich eine perfekt ausgestattete Fotodatenbank anzulegen, die ihn in ganz unterschiedlichen Settings, dafür aber fast immer in Interaktion mit Menschen zeigte. Wie Steve Stenberg, einer der Partner bei *The Strategy Group* im Interview verriet, hatte Obama schon frühzeitig zahlreiche Fotografen mit auf Wahlkampftour genommen.

Der charismatische Politnovize verlangte, in realen Situationen abge-
lichtet zu werden. Inszenierte Fotos waren tabu.

So wirkte Obama in seinen Direct Mailings direkt, persönlich und unmittelbar auf seine Adressaten. Er wusste, dass es in Briefen nicht nur
darauf ankommt, seine Programmpunkte näher zu erläutern und sie mit
denen des politischen Gegners zu kontrastieren, sondern dass es erst die
Macht des eindringlichen Eyecatchers ist, der die Adressaten auf eine
Botschaft aufmerksam macht.

Obama vermied es, negative Nachrichten per Brief auszusenden. Auch
wenn Hillary Clinton sich kurz vor den Vorwahlen in Ohio im März noch
öffentlich darüber echauffierte, dass Obama in Direct Mailings ihre Kran-
kenversicherungsreform falsch dargestellt hatte, so muss doch festgehalten werden, dass er in seinen Briefen einen außergewöhnlich positiven
Ton anschlug, ganz im Sinne seiner übergeordneten Kampagnenbotschaft
der Hoffnung und der Versöhnung. Das ist erstaunlich, benutzen Wahlkampfstrategen Direct Mail in den USA doch oft als Instrument, um unter
der Oberfläche der Öffentlichkeit harte Attacken gegen die politischen
Gegner zu fahren.

Insgesamt nutzte Obama das Instrument Brief geschickt, um seine
zentralen Botschaften zu vertiefen, die er in Reden, Debatten oder TV-
Spots angestoßen hatte. Dabei achtete der Kandidat darauf, die Direct
Mailings immer auf den persönlichen Kontext herunterzubrechen. Aufgrund seines ausgefeilten Microtargetings wusste das Team Obamas
genau, mit welcher Botschaft sie welchen Haushalt erreichen musste:
Arbeiterfamilien in Ohio kommunizierte Obama seine distanzierte
Haltung gegenüber Freihandelsverträgen. Umweltbewussten Mitbürgern
in Massachusetts brachte er seinen Aktionsplan gegen den Klimawandel
näher. Wähler in Texas sprach er mit Bildern an, die ihn auf Veranstaltungen mit Menschen aus dem *Lone Star State* zeigten. Mexikanische
Einwanderer erhielten Briefe in spanischer Sprache mit dem Oberthema
Einwanderungsreform.

"America's faced big problems before. But today, our leaders in Washington seem incapable of working together. Politics has become so bitter and partisan, so gummed up by money and influence, that we can't tackle the big problems that demand solutions.

"And that's what we have to change first."

– BARACK OBAMA
Announcement of Candidacy, February 10, 2007

Mailing der Obama-Kampagne

Auch im Bereich des klassischen Basiswahlkampfes setzte Barack Obama neue Maßstäbe, schon allein aufgrund der unglaublichen Zahl von motivierten Freiwilligen, die für ihn von Haus zu Haus gingen, Anrufe tätigten oder E-Mails weiterleiteten. Schätzungen zufolge wird Obama am Ende des Wahlkampfes über bis zu acht Millionen (!) Aktivisten verfügen. Noch nie zuvor hatte ein einziger Kandidat eine solche gesellschaftliche Tiefe seiner Organisation erreicht. Und Obamas Kampagne lebt nicht vom Charisma allein, sie brauchte Organisation. Das war Obama von Anfang an bewusst und mit Spezialisten des *Grassroots Campaigning* wie David Plouffe, Paul Tewes und Steve Hildebrand baute er eine straffe, professionelle Basisorganisation auf, die den Enthusiasmus seiner Millionen von Freiwilligen in geordnete Bahnen lenkte. In allen 50 Bundesstaaten errichtete die Kampagne eine hierarchisch gegliederte Organisationsstruktur, deren Herzstück sog. *precinct captains* waren. Diese lokalen Wahlkampfmanager bekamen klare Vorgaben dar-

Mailing der Obama-Kampagne

über, wie viele Freiwillige sie in ihrem Wahlbezirk rekrutieren mussten, wo sie die Helfer einsetzten und welche Anzahl von unentschiedenen Wählern sie zu kontaktieren hatten. Viele dieser *precinct captains* waren politische Laien, die ein Semester am College aussetzten oder sich unbezahlten Urlaub genommen hatten. Im Rahmen der Aktion *„Obama Organizing Fellows"* sprach die Kampagne solche überzeugten Anhänger gezielt an, um sie zu mehrwöchigen Trainings einzuladen, auf denen sie das Handwerkszeug der modernen Kampagnenführung lernten.

Diese straff organisierten Fußtruppen nutzte Obama zunächst für ein ausgefeiltes *door-to-door canvassing*. Nach der Vorgabe *„one door, three skips"*, also ein Kontakt pro jedem vierten Haushalt, durchkämmten die Freiwilligen ihre Nachbarschaften, immer perfekt ausgestattet mit individuellen Skripts und Hintergrundinformationen über die zu kontaktierenden Wähler. Obama machte nicht den Fehler, Hausbesuche als reines Mobilisierungsinstrument kurz vor der Wahl zu betrachten. Wochen und Monate vor den eigentlichen Abstimmungen schickte er seine Freiwilligen bereits in die Wahlbezirke, um Kontakt zu seinen Wählern aufzunehmen. Das Zauberwort der Kampagne hieß „Follow-Ups". Der sporadische, ein- oder zweimalige Kontakt reichte ihm nicht aus, denn er war zu flüchtig. Obama wusste, dass es auf stetige Besuche ankam, die den umworbenen Bürgern suggerierten: Hier kümmert sich jemand wirklich um mich! Und ebendies praktizierte er auch.

In diesem kommunikativen Häuserkampf setzte sein Team zudem auf extensive Telefonkampagnen. Nach vier Mausklicks im *Volunteer Action Center* von Obamas Internetseite, hatte man als Freiwilliger herausgefunden, wo sich die nächste sogenannte *phone bank* befand und wann sie geöffnet war. Unzählige Freiwillige verbrachten ihre freien Abende am Telefon, das in irgendeinem Büroraum, in einer lokalen Wahlkampfzentrale oder sogar im eigenen Wohnzimmer stand.

In der Tat revolutionierte Obama das Telefonmarketing, indem er seine Unterstützer aufforderte, unentschlossene Wähler vermehrt von zu Hause aus, also auf dem eigenen Sofa oder am eigenen Küchentisch, anzurufen. Dieses innovative Konzept basierte auf sog. *liquid phone banks*, die erstmals von der progressiven Internetorganisation MoveOn.org im Kongresswahlkampf 2006 eingesetzt worden waren. Über die Internetseite von Barack Obama konnten sich Freiwillige bequem einloggen, eine Datenbank mit Telefonadressen unentschlossener Wähler aufrufen und diese dann mit einem Mobilisierungs- oder Überzeugungsanruf anzusprechen. Aus diesem basisorientierten Ansatz ergab sich im Laufe des Wahlkampfes eine ganz eigene soziale Dynamik. Immer mehr Freiwillige trafen sich zu Anruf-Parties in den eigenen vier Wänden. Bei Cola und Chips arbeiteten sie mit ihrem Handy dann gemeinsam die vom Obama-Team vorgegebenen Telefonlisten ab - eine Vorstellung, von der deutsche Politiker oder Kommunikationsverantwortliche nur träumen können

Auch dem Handy maß Obama insgesamt eine ganz neue Bedeutung bei. In den USA hinkt die SMS-Technik noch vielen anderen Ländern wie Japan, Finnland oder Deutschland hinterher. Mittlerweile hat sich die

SMS aber auch in den Vereinigten Staaten als Standardkommunikationsmittel der Generation U-40 etabliert. Weil Jung- und Erstwähler eine seiner wichtigsten Zielgruppen darstellten, setzte Obama intensiv auf Direktmarketing über das Handy. In TV- und Radiospots, auch bei seiner berühmten Parteitagsrede vor 80.000 Menschen in Denver, rief er gezielt dazu auf, „HOPE" an die Nummer 62262 (O-B-A-M-A) zu senden. Wer dies tat, der bekam umgehend Wahlkampfnews, Informationen zum Wahlablauf oder Mobilisierungsbotschaften auf das eigene Handy geschickt. Pünktlich vor dem Beginn des Hauptwahlkampfes schuf sein Team sogar eine eigene Online-Plattform für mobile Dienste. Das Portal m.barackobama.com, entwickelt vom Start-Up ILoop Mobile, besaß einige interessante Features. Unter Anderem gab es Wallpapers und Klingeltöne zum Download. Geschickt war auch das Feature *„Share the Hope"*, mit dem man animierte Obama-Bilder an Freunde und Bekannte versenden konnte, inklusive persönlicher Nachricht.

Wie wichtig die mobile Kommunikation für Obama war, zeigte sich kurz vor dem Nominierungsparteitag der Partei im August. Der Demokrat versprach, die Auswahl seines Vizepräsidentschaftskandidaten nicht zuerst der Presse mitzuteilen, sondern all denjenigen, die sich mit ihrer Handynummer auf einer entsprechenden Seite im Internet registriert hatten. In der Tat bekamen seine neugierigen Unterstützer die Nachricht am Tag der Bekanntgabe um 3 Uhr früh auf ihr Handy geschickt. Der Text lautete: *„Barack hat Joe Biden zu seinem VP ernannt. Schaut Euch den ersten gemeinsamen Auftritt der beiden heute um 15 Uhr live auf BarackObama.com an. Sagt es weiter!"* So zog Obama die eigenen Sympathisanten geschickt in seine Kampagne hinein. Direkt und persönlich zu kommunizieren und gleichzeitig neue Zielgruppen anzusprechen, das war seine oberste Maxime.

Der innovative Motor von Obamas Dialog-Kampagne stellte das Internet dar. Der Kandidat und sein Team nutzten das Netz nicht nur für effektives Fundraising und innovative Basisorganisation, sondern auch für das direkte Marketing der eigenen Kampagnenbotschaft. Auf zwei fundamentalen Wegen setzte Obama das *World Wide Web* ein:

Zum einen investierte er gezielt in Online-Werbung, maßgeblich bei Google. Sowohl die eigene Kampagnenseite als auch positive Artikel über Obama ganz oben auf der Trefferliste zu platzieren, das war das erklärte Ziel der Kampagne. Erst im August dieses Jahres fand das *Pew Research Center* heraus, dass die Zahl der Amerikaner, die sich an einem normalen Wochentag auf die Dienste einer Suchmaschine verlassen, von einem Drittel in 2002 auf nahezu die Hälfte (49 Prozent) der Internetnutzer gestiegen ist. Auch auf Yahoo, CNN, Facebook, den Seiten lokaler Tageszeitungen oder prominenten Weblogs schaltete die Obama-Kampagne intensiv Online-Werbung. Diese Anzeigen waren aber nicht die schnöde Fortsetzung von Zeitungsannoncen, sondern beinhalteten interaktive Informationsangebote wie Web-Videos und mobilisierende Aufrufe (*„Find your local polling place"* – Finde dein nächstgelegenes Wahllokal).

Ziel war es, die Nutzer auf die Homepage des Kandidaten zu führen. Um dabei kein unnötiges Geld zu verlieren, bezahlte das Team Obama nicht für die Werbung selbst, sondern nur für den Klick zur eigenen Webseite *(cost per action)*.

Zum anderen schaffte es Obama, wie bereits erwähnt, eine E-Mail-Liste mit mehreren Millionen Sympathisanten zu kultivieren, die er so innovativ wie kein anderer Kandidat mit direkten, eindringlichen Botschaften ansprach. Hatte man sich erst einmal auf der Homepage des Kandidaten registriert, so konnte man mit einer wohl dosierten Abfolge von E-Mails der Kampagne rechnen. Zunächst fiel die persönliche Ansprache in den elektronischen Nachrichten Obamas auf. Absender waren in der Regel der Kandidat selbst, seine Frau Michelle oder der Kampagnenchef David Plouffe. Auch persönliche Videobotschaften waren Standard, wie etwa diese Nachricht von Michelle Obama, die ein Web-Video der Popgruppe *Black Eyed Peas* versendete: *„Kerstin – Ein Freund hat mir am Wochenende dieses Video zugeschickt. Nach fast einem Jahr auf Wahlkampftour habe ich viele Dinge gesehen, die mich tief berührt haben, aber dieses Video musste ich mit Dir teilen..."*

Immer wieder ließ der Kandidat seine Sympathisanten direkt am Kampagnengeschehen teilhaben. Sätze wie *„I can feel the momentum"* oder *„We have to defeat the McCain-Bush attacks"* kamen häufig vor. Mit vermeintlichen Insiderinformationen zum Stand des Rennens, zu Umfragen oder aktuellen Hintergrundberichten zum Wahlkampf schaffte Obama ein Wir-Gefühl. Immer wieder stilisierte er die eigene Kampagne als heroischen Kampf gegen unlautere Methoden der Gegner. Für regelmäßige Unterstützer gab es sogar Online-Seminare mit dem Wahlkampfleiter Plouffe per digitaler Powerpoint-Präsentation. In diesen per E-Mail versendeten Strategiesitzungen, die interessanterweise von McCains Kampagnenmanager Rick Davis erfunden wurden, stellte Plouffe den aktuellen Stand der Kampagne dar und gab die zukünftige Marschrichtung vor. Natürlich verrieten diese Strategieseminare keine Interna, die die gegnerische Seite nicht schon wusste. Dennoch gaben sie dem Empfänger das Gefühl, ganz dicht am Wahlkampf dran zu sein und mehr als das: Man war wichtig, man war dabei.

Bewusst forderte Obama von seinen Anhängern den aktiven Dialog ein. Im Takt von zwei bis drei Monaten versendete er zum Beispiel einen Feedback-Fragebogen per E-Mail, mit dem er die Einstellungen der Basis herausfinden wollte, die ihm aber auch dazu dienten, Schwachstellen und Stärken seiner Kampagne zu ermitteln. Auch benutzte er die eigenen Sympathisanten als erste Linie der Verteidigung gegen Schmutzkampagnen, die unter der medialen Oberfläche im Internet kursierten. Unter der Rubrik *„Fight the Smears"* schuf die Kampagne ein Forum, in dem Nutzer unlautere Negativ-E-Mails über Obama veröffentlichen konnten, die zuvor als Kettenbriefe durch die Weiten des Netzes gewabert waren.

Auch nutzte Obama die E-Mail-Kommunikation ganz intensiv dafür, die oberflächliche Medienberichterstattung mit eigenen Inhalten zu unterfüttern – ein nicht zu unterschätzender Faktor im Zeitalter oftmals negativer oder einseitiger Medienberichterstattung!

„Obama in his own words" - Obama in seinen eigenen Worten. So lauteten häufig die Titelzeilen der E-Mails. Videos seiner wichtigsten Reden und Kampagnenauftritte, seiner besten TV-Spots und griffigsten Debattenbeiträge wurden genauso verschickt wie exklusive Botschaften des Kandidaten, in denen er wichtige Meilensteine und Entscheidungen seiner Kampagne ausführlich erklärte.

Das folgende Kapitel wird ausführlich darstellen, wie Obama seine E-Mail-Kommunikation dafür nutzte, seine Anhänger schnell und unmittelbar zu Aktionen aufzurufen. Immer wieder bekamen seine Unterstützer elektronische Post, die zur Freiwilligenarbeit, zum Weiterleiten von Web-Videos oder zum Besuch von Veranstaltungen aufrief. Die kurioseste Nachricht erreichte die E-Mail-Liste am Abend der Vorwahlen in Iowa, in der Barack Obama seine Sympathisanten einfach nur aufforderte, den Fernseher anzuschalten, um seiner Siegerrede zu lauschen. Das nennt man integrierte Kommunikation!

Das Einbahnstraßenzeitalter von Plakat, Anzeige und TV ist vorbei. Kommunizieren Sie so persönlich wie möglich! Nutzen Sie die Instrumente des Dialogmarketings, um Ihre Botschaften unmittelbar und lebensnah zu verbreiten. So verankern Sie Ihre Nachrichten nachhaltiger und tiefgründiger. Das schafft Glaubwürdigkeit und Vertrauen! Denken Sie dabei aber immer integriert. Es kommt auf den richtigen Mix der Instrumente unter dem Dach einer übergeordneten Botschaft an!

Meine Notizen und Ideen zum Thema:

Strategie 8:
Jeder Unterstützer ist ein Botschafter – Peer-to-Peer-Kommunikation und soziale Netzwerke

Barack Obamas Aufstieg vom Nobody zum schillernden Präsidentschaftskandidaten hatte einen ganz entscheidenden Grund. Vom Beginn seines Wahlkampfes an hatte sich der junge Senator das selbstbewusste Ziel gesetzt, mehr als eine politische PR-Kampagne zu führen. Obama besaß die Chuzpe, seinen Wahlkampf als eine neue Form der politischen Bewegung zu denken, als Bottom-Up-Kampagne, die auf breiten gesellschaftlichen Füßen stehen sollte. Jerome Armstrong, einer der bekanntesten Blogger in den USA, bringt es auf den Punkt, wenn er sagt: *„Er [Obama] wollte nicht Teil einer Bewegung sein, er wollte DIE Bewegung sein."* Sein Slogan *„Yes, We Can"* brachte die Ausrichtung seiner Kampagne auf Gemeinschaft und Teilhabe absolut auf den Punkt.

Seine Schlüsselstrategie war es, die Ansätze des viralen Marketings mit den modernsten Formen der Peer-to-Peer-Kommunikation zu verbinden. Was sich hinter diesen Begriffen verbirgt? Es geht darum, soziale Netzwerke zu aktivieren, also in Freundes-, Kollegen- und Bekanntenkreise hineinzuwirken, um Botschaften epidemisch (wie einen Virus) durch Mund-zu-Mund-Propaganda in der Gesellschaft zu verbreiten. Die goldene Regel für diese Art der Kampagne lautet: Mache Deine Unterstützer zu Botschaftern!

Natürlich ist nicht jeder Sympathisant gleich ein guter Kampagnenbotschafter. Deswegen geht es beim viralen Marketing vor allem darum, Meinungsführer in der Gesellschaft zu erreichen. Sie sollen glaubwürdig, energisch und kompetent in ihre jeweiligen sozialen Kreise hineinwirken. Wissenschaftlich beschrieben wurde das Phänomen des Meinungsführers schon vor über 60 Jahren. In ihrer Studie über den Präsidentschaftswahlkampf des Jahres 1940 fanden Paul Lazarsfeld, Bernard Berelson und Hazel Gaudet heraus, dass sich Wähler nur selten direkt von Botschaften beeinflussen ließen, die über die Massenmedien kommuniziert wurden. Erst nach der Interaktion mit ausgesuchten Freunden, Familienmitgliedern oder Kollegen setzte sich eine Meinung, ein Bild, ein Informationsmuster zusammen. Kommunikation ist somit keine Einbahnstraße, die direkt von einem Massenmedium zum Empfänger verläuft, sondern sie findet immer in einem sozialen Umfeld statt, das maßgeblichen Einfluss auf die Deutung und Bewertung von Informationen hat.

Diesen fast in Vergessenheit geratenen Ansatz nimmt die neuere Forschung wieder auf. In ihrem Buch „The Influentials" beschreiben die Marketingexperten Ed Keller und Jon Berry, wie wichtig Meinungsführer für die Gesellschaft sind, weil sie ihr soziales Umfeld mit Ideen und Überzeugungen nachhaltig prägen. Merkmale eines „Beeinflussers" sind seine (politische) Informiertheit; seine Bereitschaft, dezidierte Meinungen zu haben und Rat zu geben; große Freundes- und Bekanntenkreise zu besitzen und gesellschaftliche Trends frühzeitig zu erkennen. Keller und Berry vermuten, dass jeder zehnte Amerikaner ein solcher „Influential" ist. Ob deren Zahl in Europa ähnlich hoch ist, bleibt offen, darf aber durchaus vermutet werden. Denn auch bei uns ist dieses Phänomen zu beobachten: Zu fast jedem Thema, sei es Politik, Sport oder Boulevard, hat man einen oder mehrere Bekannte, die besser als man selbst informiert sind und von deren Meinungen und Sichtweisen man sich beeinflussen lässt.

Ausführlich ist diese Macht der Peer-to-Peer-Kommunikation auch von dem amerikanischen Journalisten Malcolm Gladwell in seinem Buch The Tipping Point (2000) beschrieben worden. Seine zentrale These lautet: Ideen, Botschaften und Produkte verbreiten sich oft in der Gesellschaft, ohne dass sie Millionen-Werbebudgets und groß angelegte PR-Kampagnen im Rücken haben. In vielen Fällen ist es gerade nicht die große Werbetrommel, die Wähler oder Konsumenten nachhaltig beeinflusst, sondern eine kleine Zahl von Menschen, deren Verhalten oder Meinungen sich Schritt für Schritt, von Person zu Person, von Gruppe zu Gruppe ausbreiten, bis sie eine kritische Masse erreichen und die soziale Realität verändern. Eben dieses Hineinreichen in die Gesellschaft war Obamas erklärtes Ziel und ist auch für kommerzielle wie gemeinnützige Organisationen jenseits des Atlantiks so spannend, weil sich mit vergleichsweise kleinen Budgets Großes erreichen lässt. Ein gutes Beispiel für die optimale Nutzung kleiner Budgets ist das Unternehmen Frosta, das mit witzigen YouTube-Spots Hunderttausende erreicht hat. Die Spots beginnen wie die klassischen TV-Spots von Frosta, nehmen aber eine überraschende und lustige Wendung und eignen sich dadurch perfekt für die eher junge Zielgruppe, die über YouTube erreicht wird. Der finanzielle Aufwand dürfte gering gewesen sein, da die YouTube-Spots eher ein Beiprodukt der TV-Werbung waren. Noch „günstiger" war die Werbung für Mentos: auf YouTube erschienen einige Videos, in denen mit den Explosionen herumexperimentiert wurde, die entstehen, wenn man ein Mentos in Cola light fallen lässt. Prompt schrieb Mentos einen Wettbewerb für den schönsten „Geysir" aus und die kostenlosen, witzigen Werbevideos trudelten zu Tausenden ein. Coca Cola hingegen nutzte diese Gratiswerbung gar nicht für sich, sondern scheiterte zur gleichen Zeit mit dem aufwändigen Product Launch für Coke Zero.

Unterstützt wird eine solche Kampagnenführung von der gestiegenen Verbreitung und Nutzung des Internets. Seine Reichweite, seine Schnelligkeit und seine Netzwerkqualitäten machen es zu einem sozialen Medium par excellence. Kein Wunder, dass es sich in den USA bereits fest als bedeutender Raum für politische Informationen und Aktionen etabliert hat. 46 Prozent der Amerikaner nutzen das Internet, um sich über den Wahlkampf zu informieren, um Gedanken über die Kandidaten auszutauschen und gemeinsame Aktionen zu organisieren. Diese Zahl ist deutlich höher als in den Wahljahren 2004 (31 Prozent) oder 2000 (16 Prozent). Die Internetnutzung im amerikanischen Wahlkampf steigt aber nicht nur quantitativ, sondern auch qualitativ. Diejenigen, die im Netz auf der Suche nach politischen Informationen sind, nutzen es intensiver als zuvor. 35% der Nutzer schauten sich während des Vorwahlkampfes ein Web-Video der Kandidaten an, 10% waren auf sozialen Netzwerkseiten aktiv, 8% spendeten online Geld an einen der Kandidaten.

Auch im vergangenen Präsidentschaftswahlkampf in Frankreich spielte die interaktive Kraft des Internets eine große Rolle. Sowohl Nicolas Sarkozy als auch Ségolène Royal nutzten das Netz intensiv für ihre Zwecke. Sarkozy rief seine Unterstützer aktiv dazu auf, sich online auf seiner Plattform *www.cybermilitant.com* zu registrieren, um als Kampagnenbotschafter in die Gesellschaft hineinzuwirken. Der Dreisatz für die vernetzte Basis hieß: *„recruter, animer, partager"* – rekrutieren, motivieren, teilhaben. Royal lud ihre Unterstützer online und offline ein, an ihrem Programm mitzuschreiben. Insgesamt existierten in Frankreich – wo Schätzungen zufolge jeder zehnte Erwachsene ein eigenes Weblog besitzt – allein 40.000 Blogs zum Thema Wahlkampf. In Deutschland ist der Partizipationsgedanke des Web 2.0 noch weitaus weniger verbreitet. Zwar nutzen bereits mehr als ein Viertel der Bürger das Internet als Hauptmedium für politische Informationen, neueste Zahlen der ARD/ZDF-Onlinestudie (2008) zeigen jedoch, dass nur 13% der Onlinenutzer Interesse am aktiven Mitwirken im Netz zeigen. Eine Ausnahme bilden die Jugendlichen: Mehr als die Hälfte (57 Prozent) nutzt mittlerweile Web 2.0-Anwendungen wie Online-Communities (MySpace, Facebook oder StudiVZ), YouTube oder Blogs. Für politische Parteien in Deutschland sollte es zudem mehr als befremdlich sein, dass von denjenigen, die in Deutschland über Politik online lesen wollen, nur eine verschwindend geringe Zahl, nämlich nur drei Prozent, dafür die Webseiten der Parteien nutzt, so eine Studie der Initiative ProDialog aus dem Jahr 2007.

In den USA wird der Durchbruch des Internets in Wahlkämpfen gemeinhin auf die Jahre 2003 und 2004 datiert und ist eng mit der Präsidentschaftskampagne Howard Deans verbunden. Zwar spielte das Netz auch schon vor Deans revolutionärer Kampagne eine Rolle in der politischen PR, zumeist setzten es die Medienprofis im Sinne des klassischen Web 1.0 ein. Jeder Kandidat hatte eine Homepage und eine E-Mail-Liste, mit der er einseitig Informationen an seine Unterstützer absetzte.

2004 veränderte der als krasse Außenseiter in den Wahlkampf gestartete Howard Dean, die Art und Weise der Internetnutzung in politischen Kampagnen grundlegend. Sein Motto und gleichnamiges Buch seines Wahlkampfmanagers Trippi *The revolution will not be televised* verdeutlichte seine Herangehensweise an Wahlkämpfe sehr anschaulich. Es ging ihm nicht darum, der Liebling der Massenmedien zu sein. Sein PR-Konzept basierte darauf, eine soziale Bewegung um den Kandidaten herum entstehen zu lassen, die unabhängig davon wuchs, ob Dean die richtigen *soundbytes* in Interviews produzierte oder die besten Debatten-beiträge in TV-Duellen brachte. Angetrieben durch Deans klare Opposi-tion gegen George W. Bush und den Irakkrieg fanden sich junge Freiwillige unter dem Dach der Kampagne zusammen, die ihrem Unmut über die polarisierende Politik der konservativen Rechten Luft machen wollten. Kampagnenmanager Joe Trippi und Howard Dean setzten voll auf die Kraft und Energie dieser links-progressiven Bewegung. Die Begeisterung im Netz half Dean nicht nur, mit über 100 Millionen Dol-lar als finanzkräftigster Kandidat in die Vorwahlsaison 2004 zu gehen, sondern sie schuf eine vitale Kampagne, die den Weg für neue interak-tive Instrumente des Web 2.0 in der Politik bereitete. Und die sich vier Jahre später in vielen Elementen der Kampagne Barack Obamas wieder-finden sollten.

Howard Deans Kampagne litt aber unter einigen Kinderkrankheiten und aus ebendiesen hatte Obama zusammen mit seinem Team gelernt. Überwältigt von der Aktivität und dem Ausmaß seiner Anhängerschaft vergaß Dean zwei elementare Dinge. Zum einen schaffte er es nicht, den virtuellen Enthusiasmus in reale Wählerstimmen umzusetzen. Er besaß wenig Gespür dafür, wie entscheidend es ist, Online- und Offlineaktivi-täten eng miteinander zu verzahnen. Zum anderen fehlte ihm die Ein-sicht, dass die Energie von Freiwilligen in konkrete Bahnen gelenkt werden muss. Es ist zwar schön, dass Aktivisten für den Kandidaten kämpfen und ihre Zeit für Politik opfern. Sie brauchen jedoch einen klaren Rahmen, also konkrete Aufgaben und Botschaften, an denen sie sich orientieren können. Wie alle erfolgreichen Neulinge und Innovato-ren war die Dean-Kampagne der Eisbrecher für neue Konzepte. Weil sie aber erst im Laufe des Wahlkampfes die Kraft ihrer eigenen Strategie rea-lisierte, fehlte es ihr an der nötigen Reflektion, um das buchstäbliche Chaos an der Basis zu ordnen.

Diese Aufgabe sollte einer neuen Generation von politischen Beratern zuteil werden, die sich erste Sporen in der Dean-Kampagne verdient hatte, sich aber nun reflektierter mit den eigenen Taten auseinander setzte, um die Instrumente des Web 2.0 besser und effektiver für die zukünftige Polit-PR der Demokraten zu nutzen. Aus diesem progressiven Milieu heraus entwickelte sich unter anderem die Internetberatung Barack Obamas, *Blue State Digital*, die dessen innovatives Internetportal entwickelte. Stellten die Kongresswahlen 2006 noch einen Testlauf für die neuen Tools dar, so schien das Netz 2008 bereit zu sein für den Durchbruch von neuen Formen des viralen Marketings und der Peer-to-Peer-Kommunikation. Deans Kampagnenchef Joe Trippi brachte es auf den Punkt, als er mitten im Vorwahlkampf sagte: *„Ich denke, wir waren die Gebrüder Wright. Das war alles, was wir waren. Ich meine, wir flogen mit einem dünnen Steuerknüppel und mit einem Holzpropeller. Wir zeigten, dass man von einem Sandhügel aus starten kann, und dass es eine neue Art und Weise gab, wie man fliegen konnte. Aber die Jungs [die Obama-Kampagne, Anm. der Autoren] haben es auf eine neue Stufe gehoben. Sie haben Boeing [...] und die Apollo-Missionen 3, 4, usw. ausgelassen. Ich denke, sie sind mittlerweile Apollo 10 oder 11 und wir sind gespannt darauf zu sehen, was passiert."*

Auch wenn die Grundlagen für eine neue Form des dialogorientierten, gesellschaftlich vernetzten Wahlkampfes bereits gelegt waren, als Barack Obama seinen Hut in den Ring warf, so kamen unter dem Dach seiner Kampagne doch zwei Dinge zusammen, die als historisch zu bezeichnen sind. Eine enthusiastische, junge Basis von Freiwilligen vereinte sich mit den neuesten Methoden der Peer-to-Peer-Kommunikation.

Zunächst soll der Blick auf Obamas Strategie gerichtet werden, mit der er die sozialen Netzwerkseiten *Facebook* und *MySpace* für seine Zwecke nutzte. Gerade für die jungen Freiwilligen zwischen 16 und 25 Jahren, die mit dem Medium Internet aufgewachsen sind, stellten diese Communities ein effektives Instrument dar, um sich miteinander zu vernetzen. Auch wenn Thomas Gensemer, Chef von Obamas Internet-Agentur, betont, dass die sozialen Netzwerkseiten nur ein Teil im großen Puzzle des Basiswahlkampfes für Obama darstellten, so war das Engagement der Kampagne in diesem Bereich doch beeindruckend. *Facebook* und *MySpac*e galten ganz eindeutig als taktische Ziele für die Kampagne. Ein Blick auf Obamas *Facebook*-Aktivität lohnt sich. Sie basierte auf drei Bausteinen: Erstens gab es die Facebook-Profil-Seite, die im Laufe des Wahlkampfes zu einem der erfolgreichsten Instrumente der Kampagne wurde. Mit über einer Million „Freunden" hatte Obama dreimal so viele

Unterstützer wie jedes andere *Facebook*-Mitglied. Die Seite erlaubte der Kampagne, Nachrichten an ihre Anhänger zu senden und bot ein Forum, von dem weiteres Engagement ausgehen konnte. Zweitens gründeten sich lokale Gruppen, die mit einem kleinen überzeugten Kern starteten, sich dann aber schnell zu großen Obama-Fanclubs entwickelten. Drittens bedankte sich Barack Obama regelmäßig mit einer Notiz bei seinen *Facebook*-Freunden und nutzte diesen Moment explizit, um sie zu weiterem Engagement zu mobilisieren. Der Kandidat animierte seine Anhänger immer wieder, Obama-Applikationen zu installieren, die aktuelle Informationen über die Kampagne bereitstellten. Außerdem sollten die virtuellen Unterstützer auch im realen Leben aktiv werden und lokale Obama-Gruppen in ihrer Stadt oder Schule gründen.

Wie aber machte Barack Obama seine Unterstützer abseits von *Facebook* und *MySpace* zu Botschaftern und initiierte Peer-to-Peer Kommunikation?

Ausgangspunkt war die Suche nach Multiplikatoren, im Kampagnenjargon Mavens (Experten), genannt. Thomas Gensemer, verriet, dass Obama ein intensives *Tracking* derjenigen Nutzer betrieb, die sich auf dem Kandidatenportal my.barackobama.com – kurz MyBo – oder auf anderen sozialen Netzwerkseiten für den Kandidaten registriert hatten. Ihr Aktivitätsindex, die Reichweite ihres Freundeskreises, ihre Antwortbereitschaft auf Kampagnen-E-Mails, das alles waren Gütekriterien, die das Obama-Team analysierte, um Profile ihrer Unterstützter anzulegen. Gewappnet mit diesem Wissen über den unterschiedlichen Grad der Aktivität und des Einflusses ihrer Sympathisanten, konnte die Kampagne beginnen, die Basis mit gezielten statt standardisierten Aktionen zu aktivieren.

Zunächst ging es darum, E-Mails so viral wie möglich über die eigenen Meinungsführer zu verbreiten. Immer wieder rief das Obama-Team sie bewusst dazu auf, elektronische Post, inklusive Web-Videos und Web-Links an Freunde und Bekannte weiterzuleiten. Ganz selten fehlte die Aufforderung „*Spread the Word*" - Verbreite die Nachricht – am Ende einer E-Mail. Als Beispiel sei hier eine Nachricht von Michelle Obama genannt, die sie kurz vor dem Parteitag in Denver verschickte. Ihr Web-

Team hatte ein kurzes Video mit Backstage-Aufnahmen vor ihrer großen Rede am ersten Tag des Demokratischen Parteitages im August 2008 in Denver gemacht. Es zeigte sie gelöst und entspannt, wie sie mit ihren Kindern das große Auditorium der Pepsi-Arena inspizierte. Klickte man auf das Video, so wurde man direkt auf die Homepage Barack Obamas weitergeleitet, um den Kurzfilm dort in Ruhe anzuschauen. Rechts neben dem Videofenster öffneten sich derweil automatisch Textfelder mit der eigenen E-Mail-Adresse und einer vorgefertigten Nachricht, die man – inklusive Video – an Freunde und Bekannte in Sekundenschnelle weiterleiten konnte. Zudem vergaß es das Team nie, Spots, Reden oder Debattenbeiträge im eigenen YouTube-Kanal einzustellen. Dies ermöglichte es Obamas Internet-Mavens, Videos schnell und einfach in E-Mails oder Blogs zu integrieren. Auf dem Parteitag im August forderte Obama die Besucher seiner Abschlussrede sogar auf, SMS an ihre Bekannten und Freunde zu schicken, um sie auf das Event aufmerksam zu machen. Diese Aktion brachte auf den Punkt, worum es der Kampagne ging. Jeder Unterstützer war für sie ein potentieller Botschafter. Immer und überall.

Gezielt initiierte Obama Dialog-Aktionen über seine E-Mail-Liste. Mehrmals bat er seine Unterstützer, Briefe an ausgewählte Superdelegierte zu schreiben, die das entscheidende Zünglein an der Waage der Nominierung sein konnten. Die Freiwilligen wurden explizit dazu angeleitet, ihre persönliche Begeisterung für den Kandidaten mit der Elite der Partei zu teilen, um damit die gesellschaftliche Tiefe der Obama-Bewegung zu verdeutlichen. Dieses Prinzip des „Share Your Story" – Teile deine Geschichte – wendete Obama auch intern an. Regelmäßig forderten der Kandidat und sein Team die eigenen Unterstützer auf, Motivationsschreiben an andere Freiwillige zu senden, die sich gerade im harten Vorwahlkampf in Iowa, Ohio oder South Carolina befanden. Das motivierte die Wahlkämpfer vor Ort und erhöhte gleichzeitig den Aktivitätsindex der Basis.

Auch mithilfe traditioneller Kommunikationspfade versuchte Barack Obama, Peer-to-Peer-Kommunikation zu initiieren. Im Vorfeld der Vorwahlen in South Carolina sprach er u.a. schwarze Friseure als Multiplikatoren an, um seine Botschaft in die afroamerikanische Gemeinde zu tragen. Friseurläden und Schönheitssalons stellen zentrale Orte für Information und Gedankenaustausch in der black community dar. Beliebt war zudem die Aktion *„Letter to the Editor"* – Brief an die Redaktion – die Freiwillige dazu aufrief, Leserbriefe an ihre lokalen Tageszeitungen zu schreiben.

Das Herzstück seiner viralen Kampagne stellte jedoch sein Internetportal MyBo dar. Diese soziale Plattform, von *Blue State Digital* in einjähriger Kleinarbeit entwickelt, zeigte, wie intelligent Obama – im Gegensatz zu Howard Dean vier Jahre zuvor – Online- mit Offlineaktivtäten verband. Der Kandidat gab seinen Unterstützern ganz konkrete Instrumente an die Hand, mit denen sie ihre Energie effektiv im Sinne der Kampagne nutzen konnten. Den Freiwilligen so viele Aktivitäten und Tools wie möglich vorzugeben, um sie dann zu gemeinsamen Aktionen in der realen Welt aufzurufen, darum ging es.

Aus diesem Grund bot das *Volunteer Action Center* auf MyBo eine Vielzahl von Möglichkeiten, in seinem persönlichen Umfeld als Botschafter der Kampagne aktiv zu werden. Hatte man sich erst einmal auf dem Portal registriert, wusste man nach zwei Mausklicks, wo die nächsten Wahlkampfveranstaltungen, die nächsten Treffen diverser Obama-Unterstützergruppen (z.B. *Teachers for Obama, Students for Obama* oder *People With Faith for Obama)* oder die nächsten Wählerregistrierungskampagnen stattfanden. Immer wieder rief die Kampagne Freiwillige dazu auf, sich in der Nachbarschaft aktiv zu vernetzen. Obama-Hauspartys und Obama-Barbecues für Freunde und Bekannte zu organisieren, waren die beliebtesten Aktionen dieser Wahlkampfsaison. Egal, ob es darum ging, gemeinsam TV-Debatten oder Obamas Rede auf dem Parteitag zu schauen, Telefonanrufe zu tätigen oder Geld zu sammeln, stets fanden diese Aktionen in der Gemeinschaft Gleichgesinnter statt. Einen Schuss nationales Pathos erhielt diese Strategie, als Obama den *Unite for Change Day* – Vereint euch für den Wandel-Tag – ausrief, an dem seine Anhänger landesweit mehr als 3.000 öffentliche Veranstaltungen orga-

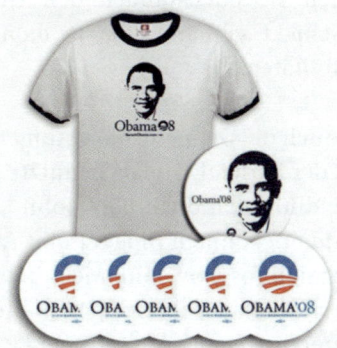

Merchandising-Artikel, Quelle: www.barackobama.com

nisierten und anschließend für den Kandidaten von Haus zu Haus gingen. Als Ergänzung gab es online die passenden Poster und Aufsteller, die man sich bestellen bzw. herunterladen konnte. Und der Obama-Store bot den ganz überzeugten Anhängern die Möglichkeit, das Konterfei ihres Kandidaten in Form der üblichen Merchandising-Artikel wie T-Shirts oder Buttons in die Gesellschaft zu tragen.

Ein weiterer kreativer Ansatz Obamas: Er befähigte seine Unterstützer mit Hilfe des Internets, selbst als Spendensammler für seine Kampagne in Erscheinung zu treten. Dieser egalitäre Ansatz definierte die Funktion des Fundraisers neu. War die Spendenakquise bisher vor allem besser verdienenden, gesellschaftlich gut vernetzten Zeitgenossen vorbehalten, so konnte nun jeder Unterstützer sein persönliches Umfeld animieren, Geld an die Kampagne zu spenden. Nach vier Mausklicks war man in der Regel offizieller Obama-Fundraiser, inklusive eigener Spenden-Zielmarke und eigenem Aktivitätsindex. Im Hauptwahlkampf schuf Barack Obama einen institutionellen Rahmen für diese Laien-Fundraiser. In das *Grassroots Finance Committee* wurde jeder Aktivist aufgenommen, der es vermochte, mehr als 1.000 Dollar an Spenden für den Kandidaten einzutreiben. Um Geld für ihren Kandidaten zu generieren, nutzten die User nicht nur E-Mails, Blogs und eigene Webseiten, sondern wurden von der Kampagne explizit aufgefordert, Events zu organisieren, auf denen sie buchstäblich den Hut für Obama herumwandern ließen. Geschickt verband Obama damit einmal mehr Online- und Offline-Aktivitäten.

Auch die Gegnerbeobachtung demokratisierte der Senator im Verbund mit der Partei. Erstmals benutzte er einen Wikipedia-Ansatz, um Hintergrundinformationen über John McCain zu sammeln. Auf *www.mccainpedia.org* konnten Blogger und Aktivisten die neusten Enthüllungen und Negativinfos über John McCain einsehen, die die Partei gesammelt hatte, um sie dann auf ihren eigenen Blogs, per E-Mail oder in Chats und Foren weiterzustreuen. Auf *FlipperTV* standen Mitschnitte von (peinlichen) Auftritten John McCains bereit, die von Freiwilligen der Demokratischen Partei gefilmt und eingestellt worden waren.

Man sieht: Das Ziel von Obama war es, ein Klima zu schaffen, das seine Unterstützer dazu animierte, eigene, authentische Inhalte und mediale Beiträge für die Kampagne zu erstellen – im Fachjargon *user-generated content* – Nutzer-generierte Inhalte – zu kreieren. Dies gelang zum einen über Weblogs, zum anderen über selbst produzierte Videos.

Prominente Polit-Blogger haben in den USA mittlerweile den Status von Journalisten. Auf beiden Seiten des politischen Spektrums ist eine kleine Gemeinde von webbasierten Meinungsmachern entstanden, die großen Einfluss auf die Tagespolitik gewonnen hat. Der Einfluss dieser sog. *Netroots* ist mittlerweile so groß, dass sie nicht nur von den traditionellen Massenmedien wahrgenommen werden, sondern auch die Nominierung von Kandidaten für öffentliche Ämter aktiv beeinflussen können. Diese Gemeinde von freiheitlich gesinnten Bloggern für sich zu gewinnen ist nicht einfach. Obama hatte zunächst Schwierigkeiten, mit diesem Kreis von Top-Bloggern warm zu werden. Die links-progressiven *Netroots* empfanden Obama als zu wenig parteiisch, als zu ausgleichend und harmoniesüchtig. Viele Blogger wollten eine klare, frontale Auseinandersetzung mit dem politischen Gegner und keine Appeasement-Politik, die Obama mit seiner Botschaft der Einheit suggerierte. Letztendlich führte sie aber die Abneigung gegenüber Hillary Clinton und John McCain in das Lager Obamas, der es verstand, die *Netroots* offen und aktiv in die Kampagne einzubeziehen.

Wichtiger für die Obama-Kampagne war es jedoch, ihr eigenes, breit gefächertes Blogger-Netzwerk aufzubauen, das eine höhere gesellschaftliche Dichte erzielte als der kleine Zirkel von Promi-Internetjournalisten. Obama stellte eine Software über sein Internetportal bereit, mit der es jedem noch so ungeübten Laien möglich war, ein Internettagebuch über die Kampagne einzurichten und zu schreiben.

In Deutschland haben bisher nur etwa acht Prozent der Onliner ein eigenes Internettagebuch. Man kann aber davon ausgehen, dass sich dieses Medium mittelfristig auch hierzulande durchsetzen wird. Denn die „Blogosphäre" verdoppelt sich von Jahr zu Jahr, und auch ähnliche Kommunikationsmittel finden immer mehr Anhänger, wie zum Beispiel Twitter (mehr als zwei Millionen Nutzer im Juli 2008). Die beliebtesten Blogs haben bereits täglich Hunderttausende Leser, wie zum Beispiel das Blog, das sich kritisch mit der BILD-Zeitung auseinandersetzt *(www.bildblog.de)*.

Obamas Kreativgemeinde unterstützte ihren Kandidaten auch in Form von selbst gemachten Web-Videos. Das bekannteste und erfolgreichste war sicherlich der Spot *„Yes, We Can"*, den *Black Eyed Peas-Sänger* *„will.i.am"* und Regisseur Jesse Dylan entwarfen. In diesem Video treten Stars wie Scarlett Johansson oder Herbie Hancock auf, die – unterlegt mit Musik – Texte aus den Reden des Kandidaten zitieren. Obama überzeugte die Künstler, den Spot einem breiteren Publikum über YouTube zur Verfügung zu stellen. Dort wurde er zum Hit des Jahres 2008, mit bisher über 10 Millionen Aufrufen.

Alles in allem haben diese Beispiele gezeigt, wie virtuos Barack Obamas Team Peer-to-Peer-Kommunikation und soziale Netzwerke für die Verbreitung der eigenen Botschaft nutzte. Konsequent dachten sie die Kampagne als Basisbewegung von unten, nicht als elitäre PR-Strategie von oben. Die Zahlen sprechen eine deutliche Sprache: Mehr als acht Millionen Freiwillige, regelmäßig drei bis fünf Millionen Hits auf *www.barackobama.com*, über eine Million Nutzer von MyBo, 1,4 Millionen Freunde auf *Facebook*, fast 500.000 Anhänger auf *MySpace*, über 60.000 Follower auf Twitter (Quelle: techpresident.com). Keine andere Gruppe war so netzaktiv wie Obamas Internetgemeinde. Wie das *Pew*

Research Center herausfand, hatten bereits bis Juni 2008 74 Prozent der Obamaniacs das Internet genutzt, um sich politisch über den Kandidaten zu informieren. 17 Prozent spendeten online, 14 Prozent richteten eine eigene Gruppe auf sozialen Netzwerkseiten ein.

So wuchs Obamas Wahlkampf mit Hilfe des Internets von einer simplen Botschaft zu einer echten Bewegung, von Person zu Person, von Freiwilligem zu Freiwilligem, von E-Mail zu E-Mail, von Hausparty zu Hausparty. Alle Aktivitäten von Barack Obama – gepaart mit seiner Persönlichkeit und seiner Botschaft – zeigen, dass Erfolg auch für diejenigen möglich ist, die nicht auf die üblichen Ressourcen wie große Werbebudgets, gute Medienkontakte oder politische Vernetzung zählen können. Das ist eine Botschaft Barack Obamas, die auch in Europa gelten kann. Dazu gehören ein außergewöhnliches Produkt, eine authentische Botschaft und eine motivierte Basis. Obamas Bewegung fiel nicht vom Himmel. Sie war Resultat einer durchdachten Strategie, die konsequent auf die Vitalität sozialer Netzwerke setzte.

PR und Marketing brauchen Gesellschaft! Beziehen Sie Ihre Wähler, Kunden und Mitarbeiter aktiv in Ihre Kampagne ein. Nutzen Sie Ihre Unterstützer als Botschafter und suchen Sie gezielt nach Meinungsführern! Sie sind die einflussreichsten Mittler Ihrer Botschaft, weil sie lebensnah und glaubwürdig in soziale Netzwerke hineinwirken. Virales Marketing von Person zu Person ist der Schlüssel zum kommunikativen Erfolg!

Meine Notizen und Ideen zum Thema:

Strategie 9:
Gesteuerter Dialog – Offenheit und Kontrolle

Barack Obama ist zum Hauptvertreter eines neuen Kampagnen- und Kommunikationsparadigmas geworden, das auf den Maximen Offenheit und Partizipation aufbaut. Barack Obama entwickelte aus diesem Trend eine Wahlkampfphilosophie, die er auf dem Parteitag in Denver so umschrieb: *„Wandel tritt ein, wenn gewöhnliche Leute außergewöhnliche Dinge tun."*

Die medialen Entwicklungen unterstützen ihn dabei. Denn in einem allgegenwärtigen Mediensystem, das Menschen ganz neue Formen des Zugangs zu öffentlichen Diskursen ermöglicht, wächst der Wunsch nach aktiver Teilhabe und individualisiertem Miteinander. Das hat Konsequenzen für die kommunikativen Strategien von Politik und Wirtschaft. Wähler und Konsumenten sind nicht mehr die inaktiven Rezipienten früherer Jahre. Heute rücken sie mit geballter Macht und hohem Selbstbewusstsein in den Mittelpunkt des medialen Geschehens. YouTube oder Weblogs, iPhone oder Wikipedia, sie alle suggerieren ihren Nutzern eine ähnliche basisdemokratische Grundüberzeugung: *„Jeder ist ein Meinungsmacher!"* Diese Entwicklung ist für viele Kommunikationsverantwortliche in Unternehmen gleichermaßen gewöhnungsbedürftig wie für Spindoktoren in der Politik. Sie sind geschult darin, Kommunikation auf Basis von Briefings zu gestalten, sie linear umzusetzen, zu kontrollieren und sie möglichst rein zu halten von störenden Einflüssen. Ihre Angst: Gibt man die Instrumente der PR in die Hände einer breiten Masse von Unterstützern, dann verliert man den direkten Einfluss über die eigene Botschaft.

Das Resultat können Misstöne und mediales Chaos sein, eine Erfahrung, die der Automobilhersteller General Motors in den USA machen musste. Auf seiner Webseite nutzten einige Besucher die zur Verfügung gestellten Bild- und Tonsequenzen nicht, um wie geplant Werbespots zu produzieren, die die positiven Seiten des neuen Chevy Tahoe anpriesen, sondern um mit kritischen Filmen auf den hohen Verbrauch und die Umweltbelastung des SUV, einer Art Geländewagen, hinzuweisen. Daraufhin entstand eine lebhafte Diskussion zwischen General-Motors-Kunden und den Umweltaktivisten, die nicht nur spannend und höchst authentisch war, sondern der Marke wochenlange Aufmerksamkeit und hohe, durchaus positive Erinnerungswerte bei potentiellen Käufern einbrachte.

Es zeigt sich: Der Wunsch nach Kontrolle und die Angst vor kommunikativen Auswüchsen ist verständlich, aber nicht zeitgemäß. Smarte Kampagnen wandern selbstbewusst auf dem Grat zwischen Offenheit und Kontrolle. Das ist nicht einfach, aber erfolgreich, weil es den medialen Realitäten unserer Zeit und vor allem dem Wunsch der Menschen nach Teilhabe und Authentizität gerecht wird. Barack Obamas höchst erfolgreicher Wahlkampf hat gezeigt, wie es funktionieren kann.

Von Beginn an versprach der Kandidat, seinen Wahlkampf an den drei Kriterien Transparenz, Offenheit und Partizipation auszurichten. Sein Motto lautete: *„Put the people first"* – die Menschen zuerst. Obama stilisierte sich konsequent als ein anderer Politiker, als ein politischer Botschafter einer neuen Zeit, der sich bewusst vom alten Washingtoner Establishment abgrenzte. Zudem wurde jedes der definierten Kriterien konsequent und in vielen Einzelfacetten umgesetzt. So entstand immer wieder Glaubwürdigkeit.

Beginnen wir mit dem Thema Transparenz. In den Vereinigten Staaten gehört es für Kandidaten im Wahlkampf zum guten Ton, persönliche Daten über sich preiszugeben. Zum einen veröffentlichen sie ihre Steuerbescheide, ihre Vermögensaufstellungen, ihre Krankenakten und die Unterlagen aus der Zeit ihrer Politikertätigkeit. Zum anderen sind sie per Gesetz dazu verpflichtet, am Ende eines jeden Quartals einen detaillierten Bericht über die Einnahmen und Ausgaben der Kampagne an die obersten Wahlkampfaufseher der *Federal Election Commission* zu schicken. In diesen Aufstellungen finden sich Namen und Adressen der Geldgeber genauso wieder wie Ausgaben für TV-Spots oder Kaffeerunden bei *Dunkin′ Donuts*. Dieser Grad an Transparenz ist für europäische Beobachter gewöhnungsbedürftig. Obama ging über diese Form des

„Politiker-Striptease" noch hinaus. Er versprach, die Namen seiner Top-Fundraiser – sog. *bundlers* – offen an die Presse weiterzugeben, um noch mehr finanzielle Transparenz zu schaffen. Seine Fundraising-Events öffnete er im Hauptwahlkampf für alle interessierten Journalisten. Darüber hinaus kündigte er im Falle seiner Wahl zum Präsidenten an, sämtliche Termine und Treffen öffentlich über das Internet zugänglich zu machen, um der Bevölkerung einen offeneren Einblick in seinen Politikeralltag zu geben. Willkommen in der gläsernen Gesellschaft des 21. Jahrhunderts!

Quelle: www.barackobama.com

Auch die Selbstinszenierung Obamas unterstrich die Transparenz seiner Kampagne. Immer wieder ließ er die Kameras seines Video-Teams sehr nah an sich heran. Kurzfilme im Backstage-Bereich kurz vor Auftritten, inspirierende Videos von motivierenden Ansprachen vor seinen Mitarbeitern, regelmäßige Twitter-Nachrichten, all diese Eindrücke verstärkten das Gefühl: Hier ist ein Kandidat, der nichts zu verbergen hat und der uns an seiner Kampagne teilhaben lässt.

Aber nicht nur das Gebot der Transparenz ist zum Markenzeichen von Obamas Wahlkampf geworden, sondern auch die Konsequenz, mit der er seine eigenen Vorgaben der Offenheit und Partizipation umsetzte. Wie in den bisherigen Strategien zuvor bereits beschrieben, legte er viele Kampagneninstrumente in die Hände seiner Unterstützer. Obama schuf damit eine Architektur der Partizipation, die die Grundfesten der kommunikativen Machtstruktur zwischen Politiker und Wähler, Unternehmen und Kunde, Staat und Bürger in Frage stellte. Im Kern ging es dem jungen Senator darum, Kommunikation nicht mehr vertikal, also von oben nach unten, zu denken und umzusetzen, sondern horizontal, als offenen Interaktionsraum für seine Anhänger.

Obamas Wunsch war es, die zynisch-apathische Zuschauerdemokratie, die wir auch in Deutschland kennen, mit einem neuen Politikverständnis zu ersetzen, das auf Vitalität und Teilhabe basierte. Bewusst lockerte Obamas PR-Team deshalb die eigenen Kontrollreflexe, um ein Klima der Gemeinschaft und Zusammenarbeit zu schaffen, in dessen Rahmen das Wissen und die Kreativität seiner Unterstützer aktiv eingefordert und ernst genommen wurde. Obama freute sich offen über das Video *„Yes, We Can"*, das ohne Wissen der Kampagne produziert wurde, aber zu einem der YouTube-Hits des Jahres 2008 wurde. Der Kandidat integrierte ein Poster des unbekannten Straßenkünstlers Shepard Fairey in die Kampagne, das der New Yorker aus Enthusiasmus für Obama entworfen hatte. Das eindringliche Popart-Bild von Obama mit den Untertiteln *„Progress"*, *„Hope"* und *„Change"* wurde später zu einer der Top-Memorabilia. Es verkaufte sich allein im Vorwahlkampf über 230.000 Mal.

Aber auch in anderen Bereichen zeigte sich Obama offen für Input von außen. Der Zuruf *„fired up, ready, go"* – angeheizt, fertig, los –, mit dem ihn die 59 Jahre alte Krankenschwester Edith Childs an einem grauen Wintermorgen auf einer Veranstaltung in Greenville, South Carolina, empfangen hatte, gefiel Obama so gut, dass er ihn fortan selber nutzte, um seine Anhänger zu mobilisieren. Childs Schlachtruf wurde zu einem der meist zitierten Slogans der Kampagne. All dies zeigt, in welchem Maße es heute möglich ist, Menschen, ob Kunden, Interessenten oder Wähler, in die eigene Kommunikation einzubeziehen und dabei auf allen Seiten einen Mehrwert zu erzielen. Das gilt nicht nur für die Politik. Sie tut sich aber noch am schwersten damit.

Etliche Unternehmen setzen heute bereits darauf, Kunden, ihre Meinung und ihre Kreativität stärker einzubinden. Einen in dieser Hinsicht interessanten Weg ging zum Beispiel der Hamburger Versandhändler Otto. Dort werden Kunden sogar in die Organisation des Versenders miteingebunden. Der sogenannte Kundenbeirat gibt vom Katalogdesign bis zur Werbeansprache regelmäßiges Feedback. Beim Spielzeughersteller Lego erarbeiten die zumeist jungen Top-Nutzer in einer sogenannten MUP-Gruppe („Mindstorm User Panel") gleich das neue Design der Spielzeug-Roboter, produzieren direkten Mehrwert für das Unternehmen und fühlen sich zudem als besonders geschätzte Experten des Unternehmens. Diese und viele andere Beispiele, vom Autobauer BMW bis zum Mischkonzern Unilever zeigen die Kraft der Integration von Meinungen jenseits des eigenen Tellerrandes.

Das Prinzip der Offenheit schlug sich aber auch in Obamas Kampagnenorganisation nieder. Er hatte auf oberster Führungsebene eine kleine Gruppe von sehr erfahrenen Wahlkampfprofis und Vertrauten um sich versammelt, die mittlere Führungsebene seiner Kampagne besetzte er jedoch gerne mit Seiteneinsteigern, die das Programm der *Obama Organizing Fellows* durchlaufen oder sich im Wahlkampf vor Ort als tüchtig und fähig erwiesen hatten. So zum Beispiel der spätere New Mexico *Field Director,* Brent Messenger. Bevor er sich 2007 spontan als Freiwilliger für die Obama-Kampagne gemeldet hatte, war er Sänger in der Band *Every Move A Picture* aus San Francisco, die es mit einem ihrer Songs sogar bis in die britischen Charts geschafft hatte. Messenger, ein bis dato betont unpolitischer Zeitgenosse, machte seinen Job als Freiwilliger in Kalifornien so gut, dass ihn Obama nach New Mexico einlud, wo er innerhalb weniger Wochen in eine leitende Position aufstieg. Diese Geschichte steht symbolisch für die Offenheit, die die Kampagne Tausenden anderen – Studenten, Angestellte oder Rentner, die sich eine Auszeit aus ihrem normalen Leben genommen hatten, um Vollzeit für den Kandidaten zu arbeiten – entgegenbrachte.

Eine ähnliche Situation, den unwiderlegbaren Beweis von Loyalität durch das Geschenk von Lebenszeit, können sich die Parteien hierzulande, aber auch viele Unternehmen nur wünschen. Viele meinen, ein Unternehmen habe keine Möglichkeit, Freiwillige einzubinden, das Gegenteil ist der Fall. In vielen *corporate social responsibility* (CSR)-Projekten bestünde die Möglichkeit, nicht nur eigene Mitarbeiter, sondern auch Kunden oder Interessenten einzubeziehen. So würde sich nicht nur die Authentizität des gesellschaftlichen Engagements schneller herumsprechen, ganz nebenbei hätte das Unternehmen auch noch die Möglichkeit, neue, dem Unternehmen positiv gegenüber eingestellte Mitarbeiter zu rekrutieren. Nur ein Beispiel, welches aber zeigt, wie sehr Politik und Wirtschaft voneinander lernen können.

Bei aller Offenheit der Obama-Kampagne passierte es natürlich auch, dass sich die Ziele und Wünsche der Anhänger nicht immer mit denen des Kandidaten deckten. Die folgenden zwei Beispiele illustrieren dies. Schon früh in der Kampagne hatte das Team Obamas gemerkt, dass es eigene Seiten auf *Facebook* und *MySpace* brauchte, um effektiv mit seinen „Freunden" kommunizieren zu können. Auf *MySpace* hatte der Obama-Sympathisant Joe Anthony bereits im Jahr 2006 eine Fanpage für den Kandidaten angelegt, die nach der Ankündigung Obamas, für das Amt des Präsidenten kandidieren zu wollen, sprunghaft auf über 160.000 Mitglieder angewachsen war. Obamas Mitarbeiter wollten hiervon profitieren und entschieden sich, Anthony zu überreden, die Seite gemeinsam zu nutzen. Als das Profil immer weiter wuchs, versuchte die Kampagne jedoch, die Seite vollständig in ihre Kontrolle zu überführen. Anthony willigte ein, verlangte allerdings 39.000 Dollar für die Rechte. Dieses Geld wollte Obama aber nicht zahlen, so dass es zu einem Streit kam, der für einigen Unmut in der Blogosphäre sorgte. Letztendlich einigten sich die Parteien; nur hatte die Aktion einen deutlichen Kratzer im bis dato makellos basisdemokratischen Bild der Kampagne hinterlassen.

Aus diesem Fehler lernte das Obama-Team. Im Frühsommer musste Barack Obama über ein Gesetz zur Überwachung von Kommunikationsdaten *(Federal Intelligence Surveillance Act)* abstimmen. Dieser Entwurf enthielt eine Amnestieklausel für Telekommunikationsfirmen, die auf Anweisung des Präsidenten George W. Bush nach dem 11. September Verbindungsdaten länger gespeichert hatten, als es nach damaligem Recht zulässig gewesen war. Diese Amnestie fochten progressive Teile der Demokratischen Partei massiv an. Als Obama ankündigte, für den Gesetzesentwurf – und für die faktische Amnestie – zu stimmen, brach ein Sturm der Entrüstung unter engagierten Bloggern los. Um ihrem Protest Ausdruck zu verleihen, nutzten sie die eigene Internetseite Obamas. Innerhalb weniger Tage wuchs die Gruppe *„Please Get FISA Right"* auf über 18.000 Mitglieder an und wurde damit zur größten interaktiven Gemeinde auf MyBo, dem Portal des Kandidaten. Die Kampagne reagierte deutlich besser als im Falle von Joe Anthony. Obama trat in einen offenen Dialog mit seiner Basis, indem er eine umfangreiche Stellungnahme auf seinem Internetportal veröffentlichte, die seine Position detailliert erklärte. Darüber hinaus stellte der Kandidat seine innenpolitischen Berater für Chats mit unzufriedenen Anhängern zur Verfügung. Auch wenn der Protest letztendlich nicht zu einer Meinungsänderung beim Senator aus Illinois führte, so zeigte die Aktion doch, wie ernst Obama die Anliegen seiner Unterstützer nahm und wie stringent er seine Kommunikation danach richtete.

Thomas Gensemer sieht diese Art der offenen Wählerkritik als sehr gesund an. Auch wenn so Spannungen auftreten, gehört ehrliches Feedback seiner Meinung nach zu einer offenen Kampagne dazu und ist weit weniger dramatisch als von vielen PR-Profis gedacht. Natürlich möchte jede Partei, jedes Unternehmen, jede Interessengruppe Misstöne in ihrer Außendarstellung vermeiden. Das ist legitim. Erfolgreiche Kampagnen und solche, die auf eine breite Verankerung ihrer Botschaft in der Gesellschaft setzen, nehmen diese Misstöne aber in Kauf, weil sie dazugehören, um ein höheres Ziel zu erreichen. Dieses Ziel heißt: *Community-Building.*

Und Barack Obama bewies eindrücklich, dass diese Gemeinschaft durchaus im Sinne eines Kampagnenerfolges zu steuern war. Er schaffte es, Kommunikation horizontal zu denken, ohne jedoch die Kontrolle über die eigene Botschaft zu verlieren. Diese Form des gesteuerten Dialogs basierte auf drei entscheidenden Herangehensweisen.

Erstens war es die Mischung aus Kandidatendisziplin und inklusiver Botschaft, die es verhinderte, dass der offene, partizipatorische Kampagnenstil in einem kommunikativen Chaos endete. Immer wieder paukte Obama seinen Anhängern die Kernerzählungen der Kampagne – Einheit, Hoffnung, Wandel – ein. Und so bewegte sich die Basis in dem Botschaftsrahmen, den der Kandidat vorgegeben hatte. Grund für Irritationen und fundamentale Abweichungen gab es so gut wie keine.

Darüber hinaus schuf Obama mit diesem breiten Überbau eine offene Projektionsfläche, die Raum ließ für individuelle Botschaften jedes einzelnen Unterstützers. Jeder mochte im Detail etwas anderes unter den Parabeln *Unity, Hope* oder *Change* verstehen, dennoch erzeugten diese Oberbegriffe das Gefühl, unter einem gemeinsamen Dach zu agieren.

Zweitens scharte der Politnovize einen sehr kleinen Kreis von Beratern in einem inneren Zirkel um sich, die seine Strategien und Botschaften entwickelten. Zu diesem inneren Zirkel gehörten die engsten Vertrauten wie der erfahrene Medienberater David Axelrod, Kampagnenchef David Plouffe, Obamas Büroleiter Pete Rouse, sein Pressesprecher Robert Gibbs und seine langjährige Freundin und Beraterin Valerie Jarrett. Ein Grund für den Erfolg Obamas war die extreme Geschlossenheit dieses Planungsstabes.

Im Gegensatz zur Clinton-Kampagne, in der Konflikte zwischen den Lagern um die Top-Strategen Mark Penn und Harold Ickes sowohl intern als auch öffentlich ausgetragen wurden, stellte sich das Leitungsteam Obamas als monolithischer Block dar, aus dem keine nennenswerten Interna nach außen drangen. Trotz aller Offenheit galt also auch für Obama, dass eine Organisation ohne Steuerung und Kontrolle keinen Erfolg hat. Jede noch so basisorientierte Bewegung braucht eine homogene Gruppe von Anführern, die den Wandel personifizieren und lenken kann. Dies kann auf jedes Projektteam im Unternehmen, so wie die meisten entscheidenden Gremien übertragen werden. Je kleiner und vertrauter das Team, desto größer die Schlagkraft und der Ertrag.

Drittens verzichtete Barack Obama keineswegs darauf, den Dialog mit und unter seinen Anhängern konkret zu steuern. Im Bereich des Basiswahlkampfes gibt es zwei Strategien, mit denen man Freiwillige an der Kampagne beteiligen kann. Sie werden in den USA *push and pull* genannt. „Push" bedeutet, den eigenen Unterstützern konkrete Aufgaben und Botschaften vorzugeben, die sie dann selbst ausgestalten können. „Pull" steht für die radikalere Form der Partizipation, wie sie auch im Bereich des Web 2.0 praktiziert wird. Hier geht es um den egalitären Austausch von Meinungen, aus dem man die besten Ansätze herauszieht. Obama setzte eindeutig mehr auf „Push" als auf „Pull". Seine Maxime basierte auf der Annahme, dass die eigene Basis zwar Freiheit zum eigenen Handeln braucht, um glaubwürdig und kreativ zu kommunizieren, ihr aber ein klarer Aktionsradius vorgegeben werden muss.

Diese Spannung zwischen radikal-idealistischer und faktischer Offenheit wird immer existieren und lässt sich in keiner Kampagne vermeiden. Dennoch schaffte es der junge Senator, den Weg der transparenten, offenen Kommunikation zu beschreiten, ohne dabei die Kontrolle über die eigene Botschaft zu verlieren. Damit hat er einen innovativen Schritt in das Zeitalter der neuen medialen Teilhabe gemacht, von dem deutsche und europäische Organisationen viel lernen können.

Machen Sie das Prinzip der Transparenz und Offenheit zu einer zentralen Komponente in Ihrem PR-Konzept. Trauen Sie sich, horizontal zu kommunizieren und Kontrolle an die Basis abzugeben! So gewinnen Sie Vitalität und Glaubwürdigkeit in einem zunehmend interaktiven Medienumfeld. Verzichten Sie aber nicht auf Steuerung: Sie müssen weiterhin den Rahmen festsetzen, in dem die Gesamtkommunikation ablaufen soll.

Meine Notizen und Ideen zum Thema:

Strategie 10:
Tue Gutes und rede darüber –
Inszenierung der Inszenierung

Das letzte wichtige Puzzleteil, das Barack Obamas Vorwahlkampf zum Erfolg machte, war sein geschicktes Eigenmarketing. Die intelligente Kommunikation über die eigene Kommunikation, das kluge Inszenieren der eigenen Inszenierung, das waren Strategien, die seinen Aufstieg massiv beförderten. Stets vermochte es Obama, eine Aura des Neuen und des Einzigartigen um seine Kampagne herum zu kreieren. Er beließ es nicht dabei, Wahlkampf einfach nur neu zu denken und glaubwürdig zu gestalten. Nein. Die Kampagnenführung selbst wurde zur Botschaft, sie verlieh ihm zusätzliche Glaubwürdigkeit. Obama folgte dem alten Rat der klassischen PR: *„Tue Gutes und rede darüber!"* Ein Rat, mit dem sich Deutsche traditionell etwas schwer tun, was viele Aktivitäten im Bereich CSR (Corporate Social Responsibility) oder des bürgerschaftlichen Engagements zeigen, die bewusst von Unternehmen nicht kommuniziert werden.

In der Tat verstärkten sich das Bild, das Obama von sich zeichnete, und seine Wahlkampfführung gegenseitig. Der junge Senator trat als innovativer, idealistischer Politiker auf, dem es darum ging, auf der Welle einer breiten basisdemokratischen Bewegung nach Washington D.C. zu reiten, um die alten Eliten herauszufordern. Obama dachte Politik von unten nach oben, nicht von oben nach unten. Diesen von Kritikern oft als „populistisch" bezeichneten Ansatz bildete er konsequent in seiner Wahlkampfführung ab. Seine Kampagne war von Beginn an als Bewegung konzipiert, die aktive Teilhabe, Bottom-Up-Denken und technische Innovation miteinander verband. Im Laufe des Wahlkampfes wurde sie deshalb zum Sinnbild der Botschaft und des Politikansatzes Obamas. Dieses Bild entwickelte sich natürlich nicht einfach so, sondern der Kandidat und sein Team achteten penibel darauf, die Kampagne immer als Teil des großen Ganzen zu inszenieren.

Dass diese Strategie auch in Deutschland funktionieren kann, führte die SPD bereits Ende der 1990er Jahre vor. Sie schaffte es, ihren Wahlkampfstil im Verlauf des Bundestagswahlkampfes bewusst als Teil der eigenen Botschaft zu inszenieren. Den Sozialdemokraten ging es damals um *„Innovation und Gerechtigkeit"*. Diese Grundsätze spiegelten sich bewusst in der sog. Kampa '98 wider. Innovativ war die Kampagne schon allein deswegen, weil sie erstmals aus der Parteizentrale ausgelagert wurde. Geschickt inszenierten Franz Müntefering und Matthias Machnig sie als *War Room*, den bereits Bill Clinton und Tony Blair für ihre erfolgreichen Wahlkämpfe 1992 und 1997 genutzt hatten. Auch neue Strategien in den Bereichen Themenmanagement, Personalisierung und direktem Marketing halfen, das Bild einer innovativ geführten, ja geradezu amerikanisierten Kampagne zu zeichnen. In Erinnerung geblieben ist auch der humoristische, kreative Kino-Spot, in dem Helmut Kohl aus einem Raumschiff auf die Erde gebeamt werden sollte, sich aber nicht materialisierte, weil er – laut SPD – zu unmodern für die neue Technologie sei.

Im SPD-Wahlkampf 1998 schafften es die Sozialdemokraten, die Presse und ihre Wähler von dieser Sichtweise zu überzeugen. Sie zeigten mit ihrer Kampagne, dass sie die Partei des Wandels waren, dass sie Politik professioneller und moderner betreiben wollten als die CDU unter Kohl. Das Ergebnis der Wahl sprach für sich. Die SPD gewann 4,5 Prozentpunkte dazu und kam auf 40,9 Prozent. Die Union stürzte auf 35,1 Prozent ab.

George W. Bush war ebenfalls ein Meister der Eigeninszenierung seiner Kampagne. Bush und sein Berater Karl Rove verfolgten 2004 eine neue Form der Basisstrategie. Den Republikanern ging es nicht mehr darum, den Wahlkampf in der wechselwählenden Mitte der Gesellschaft zu gewinnen, was bis dato die übliche Kampagnenorthodoxie gewesen war. Sie wollten Bushs Wiederwahl durch die Mobilisierung von Millionen zusätzlicher, konservativ gesinnter Wähler an der eigenen Basis erreichen. Um diese Strategie medial zu stützen, lancierte das Team des Präsidenten gezielt Medienberichte über den grundlegenden Wandel der eigenen Wahlkampfphilosophie hin zu mehr *Grassroots Campaigning* und Microtargeting.

In den letzten Wochen vor der Wahl tauchten unzählige Artikel und TV-Beiträge über die neuen Formen des datengestützten und basisorientierten Wahlkampfes der Republikaner auf, die außen stehenden Beobachtern den Eindruck vermittelten, amerikanische Kampagnen seien von Grund auf revolutioniert worden. Diese Wahrnehmung war nicht gänzlich falsch. Die Republikaner hatten dem Basiswahlkampf in den USA tatsächlich neue Impulse verliehen und ihn professioneller gemacht. *Grassroots Campaigning* war aber alles andere als eine Erfindung George W. Bushs. Es besaß eine lange, fast schon ehrwürdige Tradition in den USA. Die bewusste Inszenierung der eigenen Innovationen verlieh der Bush-Kampagne aber die nötige Glaubwürdigkeit, ihre Basisstrategie vor der Presse zu rechtfertigen und sie als smart und fortschrittlich zu vermarkten.

Auch Barack Obama knüpfte an diese Form der Inszenierung der zweiten Ordnung an. Mit Millionen von Freiwilligen, neuen Formen des Basiswahlkampfes und dem Comeback der Rhetorik als politischem Stilmittel hatte Obama eine gesellschaftlich breit verankerte Kampagne geschaffen, die in ihren realen Ausmaßen absolut beeindruckend war. Dennoch überließ er seinen außergewöhnlichen Wahlkampfstil nicht allein der Interpretation der Medien. Er betrieb gezieltes *Framing*, um seine Kampagne auch in der Öffentlichkeit als das zu inszenieren, was sie sein sollte: eine Bewegung. Sein junger Redenschreiber Jon Favreux gab offen zu Protokoll: *„Es ging nicht mehr allein darum, Menschen zur Stimmabgabe zu bewegen. Es ging darum, eine Bewegung zu erschaffen."* Unzählige Zitate Obamas bestätigen diese Aussage. So oft wie kein anderer Politiker verwendete Obama das Wort *„us"* anstatt von *„I"*. Konsequent sendete er Wir- statt Ich-Botschaften. Allein in seiner heute schon legendären Rede auf dem Parteitag in Denver nutzte er die Worte *„you"* oder *„your"* 65mal, *„America"* oder *„American"* fanden (lediglich) 52mal Erwähnung.

In einer E-Mail vom 3. Januar, die er an Presse und Unterstützer verschickte, unterstrich er das Wir-Gefühl nochmals systematisch: *„Dieser Wahlkampf ist bisher eine wirklich menschliche Erfahrung gewesen. Eine starke Gemeinschaft und ein kooperativer Geist haben sich unter unseren Anhängern gebildet. Dieses Gefühl ist stärker als die normale Auf-*

regung über einen typischen Wahlkampf. Es ist das Gefühl einer Bewegung."

Gut vier Wochen später, am 8. Februar, beschwor Obama die neue Bewegung dann mit den Worten: *„So viele von uns haben so lange auf eine Zeit gewartet, in der wir wieder mehr von der Politik erwarten können, in der wir wieder ein Stück mehr von uns geben und uns wahrhaftig als Teil von etwas empfinden können, das größer ist als ein bestimmter Kandidat oder ein bestimmtes Anliegen. Diese Zeit ist gekommen. Wir selbst sind diejenigen, auf die wir gewartet haben. Wir selbst sind der Wandel, den wir suchen."*

Mit der Kraft seiner idealistischen Rhetorik schaffte es Barack Obama, der Kampagne den nötigen wortgewaltigen Überbau zu verleihen. Dieser Eindruck wurde auch durch die für ihn typischen Massenveranstaltungen verstärkt, die zeigen sollten, dass hier eine andere Art von Wahlkampf geführt wurde. Ein Wahlkampf mit den Menschen für die Menschen.

Gerade zu Beginn der Kampagne verliehen Obama die prall gefüllten Hallen und Plätze die Aura eines neuen Massenpredigers, dessen Botschaft des Wandels und des *„people first"* in der Bevölkerung anzukommen schien. Obama inszenierte sich als Volkstribun, der die Menschen elektrisierte und der seiner Botschaft mit glänzender Rhetorik die nötige Glaubwürdigkeit verlieh. Bewusst inszenierte die Kampagne Großauftritte vor 35.000 Anhängern in Philadelphia, vor 75.000 Zuhörern in Portland oder 200.000 Menschen in Berlin. Auch die Entscheidung, seine Parteitagsrede in das über 80.000 Anhänger fassende American-Football-Stadion der *Denver Broncos* zu verlegen, fundierte das perfekt geplante visuelle Bild einer Kampagne, die weit mehr darstellen wollte als bloße Politik.

Diese Kampagne überließ es nie dem Zufall, welche Bilder von den Auftritten entstanden und verbreitet wurden. In Berlin erhielt die US-Presse als einzige die Möglichkeit Fotos zu machen, die Obama von hinten, vor den Schilder schwingenden Massen zeigten. Der Rest der Weltpresse – übrigens mehr als beim Mauerfall – erhielt exakt zugewiesene Aufnahmespots auf einer separaten Tribüne, die ihn, wie so typisch in der Kampagne, seitlich von vorne zeigten. Warum? Obama brauchte in der Heimat die Botschaft, dass er trotz vermeintlich geringer politischer Erfahrung außenpolitisch beliebt war. Was eignete sich dafür besser als ein Foto, auf dem sich begeisterte Massen bis zur Siegessäule erstreckten?

Aber nicht nur Fotos, sondern auch Videos wurden von Obamas Medienteam perfekt inszeniert. Der innovative Einsatz von klug geschnittenen Kurzfilmen verstärkte immer das Bild einer Obama-Bewegung. Im Internet verbreitete sein Team Videos, in denen Anhänger über den inspirierenden Geist des Wahlkampfes sprachen, in denen sie emotionale Geschichten über den Grund ihres Engagements erzählten und in denen sie die Kampagne als große Familie darstellten, die nicht mehr alleine zum Bowling geht, sondern einen neuen Sinn für Gemeinschaft entdeckt hat. Im Hintergrund ist der Kandidat mit schon fast hymnischen Zitaten wie diesen zu hören: *„Wir sind ein Volk, wir sind eine Nation, und zusammen werden wir ein neues Kapitel der amerikanischen Geschichte schreiben; mit Worten, die von Küste zu Küste, von Meer zu Meer erklingen: Yes, We Can."* Auch in TV-Spots und in Direct Mailings wurde Obama immer wieder als Teil des Ganzen, als Teil der Bewegung dargestellt, dessen primus inter pares er sein wollte.

Barack Obamas Erzählung fußte nicht nur auf seinem Image als charismatischer Anführer einer neuen sozialen Bewegung, sondern auch darauf, ein innovativer, frischer, neuer Politiker zu sein. Ein Politiker für das 21. Jahrhundert, jemand der die Zukunft gestalten kann. Seine Kampagnenführung verstärkte diesen Eindruck ganz gezielt. Sie erschien genauso innovativ, frisch und neu wie der Kandidat selbst. Seine Art, Botschaften zu setzen, seine Form, Menschen in den Wahlkampf einzubeziehen, all das deutete einen Mentalitätswandel in der Politik an. Es ging nicht mehr um das vertikale Eintrichtern von Informationen in die Köpfe der Menschen, sondern um die horizontale Kommunikation mit Wählern und durch Wähler, die organisch wachsen sollte.

Obama machte durch geschickte Außendarstellung den Eindruck, seine Kampagne sei mehr oder weniger der Schöpfer dieser neuen Wahlkampfphilosophie gewesen. Egal, ob es die basisorientierte Kleinspenderstrategie, die Nutzung von Dialogmedien oder neue Formen des Word-of-Mouth-Marketings betraf, sie inszenierte sich schlichtweg als *The Next Big Thing*.

Das entsprach nicht ganz der Realität, denn die strategischen Köpfe hinter der Kampagne, Medienberater David Axelrod und Kampagnen-manager David Plouffe, hatten zwar die Gabe, kreative Instrumente in die Kampagne zu integrieren. Tatsächlich fußten diese Neuerungen aber sowohl auf Innovationen der links-progressiven, technik- und internet-affinen Gemeinde der Demokraten als auch auf Überlegungen der politischen Gegner. Will heißen: Axelrod und Plouffe legten keinen großen Wert auf eigene Forschung und Entwicklung. Es musste nicht jedes Rad neu erfunden werden. Sie verstanden es aber besser als andere Strategen, Gutes zu erkennen und zu nutzen, kreatives Potenzial einzubeziehen, abzuschöpfen und passend zu inszenieren. Drei kurze Beispiele sollen dies verdeutlichen.

Barack Obamas Internauftritt wurde viel und zu Recht gelobt. Aber nicht alles, was die Internetfirma *Blue State Digital* entwarf, war komplett neu. Die Gründer hatten ihr politisches Handwerkszeug maßgeblich in der 2004er Kampagne von Howard Dean erlernt und ließen dieses Wissen in ihre neue Kreativschmiede einfließen. Instrumente wie das *Volunteer Action Center* auf *MyBo* waren verdichtete Weiterentwicklungen der Deanschen Instrumente.

Das als innovativ gepriesene soziale Netzwerk MyBo wurde maßgeblich von Chris Hughes, einem der Gründer von *Facebook*, mit Leben gefüllt. Fest als Kampagnenleiter für Neue Medien in die Obama-Kampagne integriert, nutzte Hughes seine bestehenden Erfahrungen mit sozialen Netzwerkseiten, um die Anhänger des Kandidaten zu verlinken, online wie offline.

Viel Lob gab es bei nationalen und internationalen Experten auch für die Idee, das Fundraising per Internet demokratisiert zu haben. Jeder Obama-Unterstützer hatte die Chance, eigene Spenderseiten einzurichten, über die er Geld für die Kampagne sammelte. Dieses Konzept wurde unglaublich gut angenommen.

Auch dies war jedoch keine Eigenkreation Obamas, sondern geht auf das demokratische Internet-Start-Up *ActBlue* zurück, das seit 2004 mit diesem Modell Geld für die Demokraten gesammelt hat.

Zudem hatte Obama keine Scheu, sich vom politischen Gegner inspirieren zu lassen. Das Studium der Bushschen Wahlkampfstrategie gab ihm wichtige Impulse in den Bereichen Basiswahlkampf, Word-of-Mouth-Marketing und Microtargeting.

Viele Instrumente, die Obama für seinen fulminanten Erfolg einsetzte, existierten also bereits, als er seine Kandidatur erklärte. Der Verdienst des Kandidaten und seiner Berater bezieht sich deshalb nicht so sehr auf die Entwicklung neuer Methoden. Seine entscheidende Leistung war es, sie unter einem Dach zu vereinen und sie so integriert und zielstrebig wie nie zuvor einzusetzen. Die Inszenierung des Wahlkampfes als eine junge, moderne Kampagne war deshalb genauso berechtigt wie geschickt, denn sie symbolisierte den endgültigen Aufbruch in ein neues, dialogisches, cross-mediales Kommunikations-Zeitalter.

☞ Innovation ist unverzichtbar, aber nicht alles muss neu erfunden werden. Seien Sie nicht nur innovativ bei der Suche nach dem, was funktioniert, sondern auch beim Eigenmarketing! Inszenieren Sie die eigene Inszenierung in Wort und Bild. Kommunikation besitzt immer auch eine zweite Ordnung.

Meine Notizen und Ideen zum Thema:

_____

_____

_____

_____

_____

_____

_____

_____

_____

_____

_____

_____

_____

_____

_____

_____

_____

_____

_____

_____

IV. Obama und die Zukunft des deutschen Wahlkampfs

– Eine Einschätzung von P. Radunski

Obamania – Alle waren von Barack Obamas Vorwahlkampf in Deutschland begeistert: Die Medien, die Profis und nicht zuletzt viele Wähler. Vergessen waren die Schmährufe gegen eine Amerikanisierung deutscher Wahlkämpfe. Charisma, Medienereignis und großer Mobilisierer – Obama war alles in einer Person. Viele Politiker und Wahlkampfmanager spürten, dass Obamas Wahlkampf für sie zur Nachahmung empfohlen sei. Barack Obamas Wahlkampf wird ein Modell für deutsche Wahlkampfstrategen bleiben. Was er bis zu seiner Nominierung als Kandidat mit seiner Wahlkampforganisation geleistet hat, ist ein Zukunftsmodell für deutsche Wahlkämpfe, egal, ob er Präsident der Vereinigten Staaten wird oder nicht. Seine persönliche und organisatorische Wahlkampfführung hat Grundlagen für ein Modell des Wahlkampfs im 21. Jahrhundert gelegt.

Obama, Merkel und Steinmeier

Mehr als 200.000 Menschen haben Obama an der Berliner Siegessäule erlebt – ein Ereignis, dass Politikern und Wählern in Erinnerung bleibt. Sicher werden auch die deutschen Kanzlerkandidaten 2009 in der Öffentlichkeit an Obamas Auftritt gemessen. Die Sehnsucht der deutschen Wählerschaft nach einer starken Führung wurde konkret: Orientierung, Authentizität, Wahrheit und Vertrauen hat Obama vermitteln können. Auch wenn Angela Merkel und Frank-Walter Steinmeier ihre eigene Persönlichkeit darstellen müssen und nach Jahren der großen Koalition kein Charisma à la Obama und seinem Star-Glamour aufbauen können, sie haben die Chance, 2009 mit ihrem Stil und Elementen aus Obamas Kampagne eine große Debatte um Deutschlands Zukunft in den Zeiten der Globalisierung zu führen. Dazu gehören auf jeden Fall große beispielhafte Reden zur Orientierung der Wähler. In einem Dialog-Wahlkampf nach dem Vorbild Obamas können sie große Resonanz bei den Wählern wecken und Anhänger mobilisieren. Ohne Zweifel wird die Personalisierung und Mobilisierung im Wahlkampf 2009 den Wählern klare Entscheidungen abverlangen und müde und enttäuschte Nichtwähler an die Wahlurne zurückbringen können.

In der großen Politik lernt einer vom anderen. Blair hatte von Clinton, Schröder von Blair gelernt. Jetzt können Merkel und Steinmeier von

Obama lernen, der seinerseits an die großen Wahlkämpfer Kennedy, Reagan und Clinton anknüpft. Alles Namen, mit denen sich große erfolgreiche Wahlkämpfe verbinden. Diese Persönlichkeiten haben politische Kommunikation und Mobilisierung geleistet, die jeder moderne Wahlkämpfer in seine Überlegungen heute einbezieht.

Politische Führer als Verkörperung politischer Ideale und Ziele hat es zu allen Zeiten gegeben. Die Personalisierung der Politik ist so alt wie die Politik selbst. Adenauer, Erhard, Brandt und Kohl standen als Person für ein Programm. Aktuell versucht Obama das Gleiche. Es gibt kein Warenhaus in der modernen politischen Kommunikation, in dem sich der Politiker – je nach Bedarf von der Stange – das ihm gemäße Image und das politische Programm wie einen Mantel kaufen und einfach anziehen kann.

In der modernen Wahlkampfführung ist der Politiker beides: Regisseur und Hauptdarsteller. Als Test für die künftige Regierungsfähigkeit kann man beide Rollen ansehen, doch mit unterschiedlichem Akzent. Wer seine Hauptrolle mit Glanz zu spielen versteht, muss nicht unbedingt ein guter Regierungschef werden. Eine gekonnte Regie der Wahlkampfführung ist dagegen ein untrügliches Zeichen: Mit ihr gibt ein künftiger Staatsmann seine Visitenkarte ab.

Die politischen Konzepte der Spitzenkandidaten werden für die mobilisierende Kraft der Parteiorganisationen entscheidend sein. Barack Obama sieht seine mobilisierende Wirkung in der Tatsache, dass er Neuling in der nationalen Politik ist: „Ich bin neu genug in der nationalen politischen Szene, dass ich als leere Leinwand dienen kann, auf die Leute mit sehr verschiedenem Hintergrund ihre diversen Ansichten projizieren.", so Obama in seinem Buch „Hoffnung wagen" (Seite 22). Die Wähler können Obama als Neuling, als Farbigen, als großen Versöhner, oder auch als Mann der Zukunft sehen. Die Projektionen der Deutschen in ihre Spitzenpolitiker werden 2009 vermutlich konkreter sein. Mehr Substanz als Stil gehört bei uns zur Motivation der Mitglieder und Anhänger.

Für die Spitzenkandidaten der großen Volksparteien ist die Balance zwischen Handeln und politischen Zielen gefragt. Vielleicht deutet sich das Konzept der Kanzlerin schon an: Zwischen Beharren und Veränderung, zwischen Stillstand und Beschleunigung, führt ihr dritter Weg als Entschleunigung zur Veränderung in kleinen Schritten. Diese kleinen Schritte bedürfen für die Mobilisierung des erklärenden roten Fadens. Allgemeine Zielsetzungen und Werteorientierung werden für die Motivation des Engagements der Unionsanhänger verlangt. Beliebigkeit bildet keine Anhänger- und Gefolgschaft. Nur Führung mit Ideen, Zielen und Meinungen wirkt mobilisierend. Für die Spitzenkandidaten von Union und SPD wartet hier eine wichtige, vielleicht Wahlentscheidende Aufgabe, die nach einer Regierung der großen Koalition nicht leicht zu bewältigen ist. Für Steinmeier geht es um den Spagat zwischen Mitte und Links und die Glaubwürdigkeit, dass er keine Bundesregierung mit der Links-Partei bilden will.

Botschaft und Agenda Barack Obamas

Hope – Change – Yes we can – Change we can believe in – Obamas Botschaften zielen in die Zukunft. Sie sind eine Antwort auf die Bush-Regierung. Selbst die grundsätzlich optimistisch gestimmten Amerikaner sagen zu rund 60 bis 80 Prozent: Unser Land ist auf einem schlechten Kurs. Obama hat vor allen Dingen die Jugend angesprochen. „Jugend hat Heimweh nach der Zukunft" hatte Sartre einst gesagt. Obama nimmt das auf. Die Angst und Sorgen seiner Landsleute will er überwinden und ihnen Hoffnung machen. Vielfach wurde er schon als Retter Amerikas bezeichnet. Hier gibt es einen deutlichen Hinweis für Beraterprofis und Politiker, die immer noch zögern, in Wahlkämpfen auf Werte und persönliche Überzeugungen zu setzen. An Obamas persönlichem Engagement besticht die Glaubwürdigkeit des Politikers, der von seinen Überzeugungen bewegt wird. Seine Ideen, seine Werte und sein Ethos stehen in der Tradition amerikanischer Wahlkämpfe, wo es immer auch heißt, *Economy is only half of the story.* Obamas Botschaft und Agenda prägen eine Kommunikation der Wahrheit und Klarheit, die man in Deutschland irrtümlicher Weise seit Merkels Wahlkampf 2005 für gefährlich hält.

Für Obama dagegen ist es nicht unpopulär, das Notwendige in der Politik zu benennen und die eigene Überzeugung offen zu sagen. Er will seinen amerikanischen Traum verwirklichen und Hoffnung wagen, wie er in seinem politischen Buch von 2006 angekündigt hat („The Audacity of Hope", in der deutschen Fassung „Hoffnung wagen"). Hier zwei Denkansätze seiner Politik:

– „Unabhängig davon, ob wir aus einem roten (republikanischen) oder blauen (demokratischen) Staat stammen, haben wir das Gefühl, dass es unseren politischen Debatten an Ehrlichkeit, Genauigkeit und gesundem Menschenverstand fehlt, und wir haben einen Widerwillen gegen einen unaufhörlichen Strom von Entscheidungen, die uns falsch oder halbherzig vorkommen."

– „... was mir wirklich Sorgen macht, ist die Kluft zwischen dem Ausmaß unserer Probleme und den kläglichen Resultaten unserer Politik. Die Leichtigkeit, mit der wir uns vom Unbedeutenden und Trivialen ablenken lassen, unsere chronische Vermeidung schwerer Entscheidungen, unsere offenkundige Unfähigkeit einen belastbaren Konsens zur Lösung auch nur eines der großen Probleme zu finden."

Hierbei handelt es sich um politische Analysen Obamas, die auch die deutsche Diskussion bestimmen werden.

Die politische Rede im Mittelpunkt

Die Rede des Politikers ist sein vielleicht wichtigstes Führungsinstrument. Bei Obama ist die Rede neben seiner Erscheinung sein entscheidender Trumpf. Hier können die deutschen Politiker lernen, wie mit einer gut überlegten und überzeugend präsentierten Rede im Getümmel des Nachrichten- und Meinungsmarktes ihre eigenen Visionen und Konzeptionen durchzubringen sind. Obama ist sich seiner Sache so sicher, dass er auf große Foren seiner Auftritte Wert legt. Wo Al Gore im Jahr 2000 zweihundert Besucher zählte und Kerry im Wahlkampf 2004 zweitausend Menschen ansprach, zieht Barack Obama oft Zehntausende in seinen Bann. Seine Acceptance Speech auf dem Parteitag der Demokraten in Denver adressierte er in einem Stadion an 80.000 jubelnde Anhänger.

Obama ist sich seiner Redewirkung sicher. Er steht für das, was er sagt. Die Kraft, ja die Wucht der politischen Rede sind auch in deutschen Wahlkämpfen nicht unbekannt. Obamas Wahlkampf lehrt die deutschen Politiker zu reden und mit durchdachter Vorbereitung, geschickter Rhetorik und persönlichem Engagement ihre Reden zum Trumpf ihrer Wahlkämpfe zu machen. In Obamas politischer Karriere war eine Rede entscheidend. Auf dem Demokratischen Parteitag in Boston 2004 hatte Barack Obama als junger keynote-speaker in prime time eine große Rede halten können, die ihn zum vielversprechenden Hoffnungsträger der amerikanischen Politik machte. Das Charisma Obamas ist nicht von der Wirkung seiner Reden zu trennen.

Die große Wahlkampferzählung

Jeder gute Wahlkampf erzählt eine Geschichte. Mit zwei Büchern hat Obama einen großen Teil seiner Geschichte selbst erzählt. Beide sind US-Bestseller geworden. „Ein amerikanischer Traum" (2004) und „Hoffnung wagen" (2006) sind auch in Deutschland erschienen. Aus seiner Lebensgeschichte erklärt Barack Obama seine Politik und erläutert seine Botschaft.

Als erster farbiger Präsidentschaftskandidat ist er ohnehin eine historische Erscheinung. Obama hat mit seiner Lebensgeschichte, der Ausbreitung seiner Familienverhältnisse und seinem Beispiel als Erfüllung des amerikanischen Traums einen typisch amerikanischen Wahlkampf gemacht. Dabei spielten seine Frau Michelle und ebenso seine beiden Töchter sowie zahlreiche Verwandte bis hin nach Afrika eine Rolle. Er hat hier das Bedürfnis der amerikanischen Öffentlichkeit nach Auskunft über die Person des Kandidaten intensiv erfüllt.

Kein Wunder, dass er der Liebling der US-Medien wie der internationalen Medien wurde, sodass ihm auch in Deutschland diese Sympathien zuflogen. Hier sieht man den großen Unterschied zwischen dem amerikanischen und deutschen Wahlkampf. So hat Angela Merkel 2005 kaum großes Aufsehen über ihre Herkunft aus dem Osten und der Tatsache gemacht, dass sie als erste Frau die Kanzlerschaft in Deutschland anstrebte. Die Medien berichten ohnehin nach ihrer Logik und ihrem Fahrplan.

Deutsche Politiker werden sich entschließen müssen, den Medien mehr Futter für ihre Berichterstattung zu geben. Obamas Wahlkampf hat auch hier ein Exempel gesetzt. Oder hat den Deutschen sein Wahlkampf etwa nicht gefallen?

„Pulse taking" – Der Amerikaner will es wissen, er will den Puls seines Kandidaten fühlen. US-Wahlkampf ist ein Test, ob der Kandidat, die Persönlichkeit, die Standfestigkeit und die Entscheidungsfähigkeit hat, um Präsident zu sein. Selbstbewusst sagen die US-Wähler: Unsere Regierung muss so gut sein wie das amerikanische Volk. Jeder Wahlkampf ist für sie auch ein reinigendes Gewitter. Eine kontroverse Auseinandersetzung wird ausdrücklich erwartet, aber mit der Wahl des Präsidenten soll die Nation dann wieder zusammen kommen. Die amerikanische Nation will sich in ihren Wahlkämpfen neu erfinden. So gesehen sind ihre Wahlkämpfe eine Hochzeit der Demokratie. Auf dieses Gefühl können Präsidenten nach erfolgreichem Wahlkampf aufbauen, Politik für die Zukunft machen, Herausforderungen bestehen und selbst Opfer verlangen. Dieses Gefühl hat Barack Obama verkörpert und die Amerikaner werden ihm dafür in jedem Falle dankbar sein. Welcher deutsche Politiker traut sich das zu?

Obamas Modell: Mobilisierung durch Dialog

Als Redner wird Obama mit Martin Luther King jr. verglichen, sein Charisma erinnert an John F. Kennedy. Seine wertorientierte, idealisierte Politik folgt Ronald Reagan und Bill Clinton. Seine Wahlkampforganisation, sein Mobilisierungsmodell aber hat er mit seinem Wahlkampfmanager David Plouffe und seinem Strategen David Axelrod selbst entwickelt. Eine Motivations- und Dialogkampagne, die alte und neue Methoden des Direktmarketings mit den Aktionsformen des Web 2.0 verbindet.

Obamas Vorwahlergebnis dokumentiert in Zahlen seinen Erfolg: er hat eine große Anzahl neuer Wähler im Registrierungssystem, rund zwei Millionen vorwiegend Kleinspender, rund eine dreiviertel Million freiwillige Helfer, sowie 8.000 Unterstützergruppen gewonnen – Obamas

Datenbankenkarteien sind gut gefüllt. Natürlich gehören auch die Zuschauermassen bei seinen Veranstaltungen dazu.

Eine charismatische Führung motivierte eine erfolgreiche Mobilisierung. Obama hat seinen Wahlkampf gegen die beste Wahlkampforganisation zu führen gehabt. Hillary Clintons Wahlkampforganisation galt als vorbildlich und unschlagbar. Sie hatte die Mitglieder, Funktionäre und Stammwähler der Demokraten in ihre Organisation weitgehend eingebunden. Dieser Organisation stellte Obama seine Freiwilligenkampagne gegenüber. Unbezahlte Aktivisten wurden über Internet, Brief- und Telefonkampagnen gewonnen. Sie wurden von dem Glauben an Obama und seine Politik motiviert. Die Organisationen temporärer Kampagnenhelfer könnten auch den geschundenen deutschen Parteien helfen, denen Geld, Mitglieder, Helfer und Unterstützer im Wahlkampf fehlen.

In Deutschland nimmt die Parteiidentifikation ab und die Wahkampfplaner müssen mit 20 Millionen Wechselwählern und rund 15 Millionen Nichtwählern rechnen. Schließlich eine besondere Herausforderung: Man rechnet in der Wahlforschung mit rund 15 Millionen Spätentscheidern. Das alles beschreibt den verschärften Bedingungsrahmen in der Wahlkampfarbeit moderner Parteiorganisationen.

Vom *Air War* zum *Ground War* sagen die amerikanischen Profis. Die Erkenntnis ist überall gewachsen, dass über die Massenmedien allein die Wähler nicht mehr mobilisiert und überzeugt werden können. Mehr Unterhaltung und weniger Politik in den Massenmedien, sowie differenziertes Zuschauerverhalten haben dazu geführt, dass die Wahlkampfprofis sich wieder auf bewährte alte Wege der Mobilisierung mit Canvassing, Briefen und Telefonaten besinnen. Das Comeback der persönlichen Ansprache sowie des Direktmarketings ist programmiert. Damit wird der bei den Wählern ausgeprägte Wunsch nach Dialog erfüllt. Face to Face – der Wahlkampf wird wieder stärker in der Welt des Gesprächs geführt (Word of Mouth). Diese kommunikationstheoretische Wendung von der indirekten Massenkommunikation zur direkten persönlichen Kommunikation ist ein verheißungsvoller Ansatz moderner Parteiorganisation.

Obamas Freiwilligen-Heer ist eine Partei auf Zeit. Sie könnte ein Modell der Wiederbelebung deutscher Parteiorganisationen werden. Aus dem Kreis der Spender, Helfer und Unterstützer können schließlich auch Mitglieder gewonnen werden.

Obamas Geldmaschine

Obama hat in Deutschland viel an Popularität gewonnen, sein Masterplan der Spendenwerbung und Mobilisierung wird dabei oft übersehen. Nur mit seiner Modernisierung des amerikanischen Wahlkampfs ist Obama zum Wahlkampf-Star geworden. *Technology and Ethos* heißt es cool bei amerikanischen Experten.

Sein großer und exzellenter Wahlkampf-Stab, seine erfolgreiche Medienarbeit und die Mobilisierung einer neuen Anhängerschaft waren nur möglich, weil ihm riesige Summen zur Verfügung standen. Soviel Geld, dass er auf staatliche Wahlkampffinanzierung verzichtet hat.

Im Wahlkampf braucht man überall drei Dinge: 1. Geld, 2. Geld, 3. Geld. Geld ist die Muttermilch der amerikanischen Politik, sagen die Profis. Wer nicht ausreichend Geld für den Wahlkampf hat, wird nicht ernst genommen. Mit dem Idealismus seiner Absichten hat er ein riesiges Heer von Kleinspendern für sich gewonnen. Die persönlichen Spenden seiner Anhänger waren Ausdruck ihres Enthusiasmus für seine Person und für seine Politik. Sie waren sich bewusst, dass ihre kleinen Spenden in den Dienst der großen politischen Sache gestellt wurden. Überzeugung und Spende gingen Hand in Hand. Es entstand wie von der amerikanischen Presse begeistert gefeiert: *The Amazing Money Machine*. Ohne seine Fundraising-Erfolge hätte Obama sich nicht durchsetzten können.

Immer wieder wird gesagt, in Deutschlang gehe das nicht. Etwa weil die Deutschen keine spendenfreudigen Idealisten sind? Das ist längst mit den riesigen Spendensummen für humanitäre Projekte in Deutschland beantwortet. Die Parteien müssen sich endlich eingestehen, dass sie sich von der staatlichen Parteienfinanzierung einlullen ließen. Eine professionell aufgebaute, intensive Spendenkampagne wurde nur selten –

allenfalls von der FDP – geführt. Spender sind Überzeugungstäter mit Herz, die für ihre gute Sache auch streiten. Leider hat es in jüngsten deutschen Wahlkämpfen davon wenig gegeben. Obamas Wahlkampf wird daran erinnern, dass es geht.

Die Internet-Magie

Obamas Kampagne hat Mitstreiter gewonnen, die auf seinen Webseiten gelernt haben, wie sie Wahlkampf machen können. Sie sind dann eigene Wege gegangen und haben persönlich soziale Netzwerke kreiert. Hier ist die Analyse des Engländers Clay Shirky verwirklicht worden: *The Power of Organizing without Organizations*, wie der Titel seines jüngsten Buches lautet.

Es ist der Social-Network-Boom, der die neue Entwicklung in der Politik möglich gemacht hat. Die Nutzer kreieren Inhalte *(user generated content)* und wählen eigene Formen für ihre Aktionen. So konnte es Barack Obama passieren, dass er in kleinen ländlichen Städten Obama-Headquarters vorfand, die sich unabhängig von seiner Organisation aufgebaut hatten und finanziell, personell wie auch inhaltlich von Freiwilligen getragen wurden. Sie machen Politik in seinem Namen, ohne auf Weisung aus der Zentrale zu handeln. Aus freiwilligen Unterstützern, die sich im Internet zu Obama bekannten, sind gemeinsam mit Anderen über das Internet Wahlkampforganisatoren geworden.

Wer sich auf Web 2.0 einlässt, muss offen für selbstbestimmte Spontanität der Unterstützer sein. Anregungen von der Partei und Kontakte können diese selbstbestimmten Nutzer begleiten.

Das ist ein neues Wagnis der politischen Kommunikation und Organisation. Es lohnt sich, weil es der Partei-Organisation neue Aufgaben für die Zukunft eröffnet: Den Dialog mit den Wählern durch Direktmarketing und Internet. Klassische Ansprachen, Canvassing, Brief und Telefon werden mit den modernen Instrumenten des Internets kombiniert. Es ist eine Renaissance des Dialogs und der Dialogkommunikation zwischen Politik und Wählern.

Die Hauptaufgaben politischer Mobilisierung werden damit angepackt:
1. Politiker und Wähler werden im Dialog wieder zusammengeführt
2. Politische Aktivitäten außerhalb der Parteiorganisationen werden angeregt, um Spender, Helfer, Unterstützer und deren Adressen zu gewinnen.

Der Vorwahlkampf in Amerika ist vom Informationswahlkampf im Web zum interaktiven Wahlkampf übergegangen. Ein großer Teil des US-Wahlkampfs wird im Web 2.0 geführt. Mobilisierung findet im Internet statt, nicht mehr allein auf den Seiten des Kandidaten, sondern auf externen Seiten wie „YouTube", „MySpace", „Facebook", „Bebo", oder „Eventful".

Obamas Wahlkampf – eine Legende

Seit seiner Nominierung in Denver ist Obamas Wahlkampf Legende, egal wie die Präsidentschaftswahlen ausgehen. Wer in den nächsten Jahren einen Wahlkampf führen will, muss Obamas Kampagne kennen und studieren. Er hat die Grundlagen für ein Wahlkampfmodell des 21. Jahrhunderts gelegt. Natürlich heißt das nicht, dass man seinen amerikanischen Wahlkampf in Deutschland einfach kopieren kann. Vielmehr ist eine intelligente Rezeption nötig.

Der gestresste, gelangweilte, verwirrte und verärgerte Wähler darf sich freuen. Im Stil Obamas können Wahlkämpfe wieder ein Höhepunkt des politischen und demokratischen Lebens werden. Dazu gehört der Mut der Kandidaten zu klaren und wahren Aussagen und idealistischen Visionen. Mit einer Mischung aus klassischer und moderner Mobilisierung, die alle Wählerschichten und Altersgruppen anspricht, können die Wähler wieder mobilisiert und die Partei der Nichtwähler reduziert werden.

Hoffnung auf die Zukunft kann nur ein guter Wahlkampf vermitteln. Dafür hat Obamas Wahlkampf das Denken der Politiker und Strategen herausgefordert. Hoffen wir mit ihm: *„Change we can believe in."*

Peter Radunski, geboren am 13. März 1939 in Berlin, war nach seinem Studium der Rechtswissenschaften, Geschichte, Romanistik und Politischen Wissenschaften unter anderem von 1981 bis 1991 Bundesgeschäftsführer der CDU. Von 1991 bis 1995 bekleidete er in Berlin das Amt des Senators für Bundes- und Europa-Angelegenheiten und von 1996 bis 1999 das Amt des Senators für Wissenschaft, Forschung und Kultur. Radunski war und ist als Berater in verschiedenen Wahlkämpfen bei Landtags-, Bundestags- und Europawahlen tätig. Seit 2000 ist er Senior Advisor bei Publicis Consultants Deutschland.

V. Lebenslauf Barack Obama

1961	Geburt in Honolulu, Hawaii; Sohn von Ann Dunham aus Wichita, Kansas und Barack Obama sr. aus Nyang`oma Kogelo, Kenia
1963	Trennung der Eltern; Barack bleibt bei seiner Mutter in Honolulu; sein Vater wechselt an die Harvard University und kehrt später als Beamter zurück nach Kenia
1967	Umzug nach Indonesien mit Stiefvater Lolo Soetoro; Besuch einer muslimisch geprägten Schule in Jakarta
1971	Umzug nach Hawaii; Barack wird gemeinsam von seinen Großeltern und seiner Mutter groß gezogen; er besucht die private Punahou High School
1979	Barack Obama erhält sein High School-Diplom
1979-81	Obama studiert für zwei Jahre am Occidental College in Los Angeles; erstes Interesse für Politik; Engagement für Anti-Apartheid-Bewegung und Nelson Mandela
1981-83	Wechsel an die Columbia University in New York; Abschluss im Fach Politikwissenschaften mit Schwerpunkt „Internationale Beziehungen"

1983-85	Recherchearbeit für Wirtschaftspublikationen und Mitarbeiter für eine Verbraucherschutzorganisation
1985-88	Soziale und politische Arbeit im schwarzen Armenviertel von Chicagos South Side
1988-91	Harvard Law School; Juraexamen; erster schwarzer Herausgeber des altehrwürdigen Harvard Law Review
1991-97	Anwalt in einer Kanzlei für Bürgerrechte in Chicago; Lehrauftrag an der University of Chicago
1992	Heirat mit der Anwältin Michelle Robinson; Geburt der Töchter Malia Ann (1998) und Natasha (2001)
1995	Obamas autobiografisches Buch „Dreams of My Father" erscheint; Tod der Mutter
1997-2004	Abgeordneter im Landtag des Staates Illinois; Arbeit an Ethik- und Gesundheitsreform
2000	Vorwahlniederlage im Kampf um einen Sitz im US-Repräsentantenhaus gegen Amtsinhaber Bobby Rush im 1. Stimmbezirk des Staates Illinois
2004	Wahl zum US-Senator in Illinois; Rede „The Audacity of Hope" auf dem Parteitag der Demokraten in Boston; erstmals als „Rising Star" in der Presse zitiert
2004 – heute	US-Senator; zuständig für Außenpolitik; Gesundheit, Arbeit & Bildung; Homeland Security & Governmental Affairs
2006	Obamas zweites Buch „The Audacity of Hope" erscheint

10. Februar 2007	Obama gibt in Springfield, Illinois, offiziell seine Kandidatur für die US-Präsidentschaftswahlen bekannt
3. Januar 2008	Vorwahlsieg in den Iowa Caucuses; das Rennen um die Nominierung wird zum Zweikampf mit Hillary Clinton
28. August 2008	Obama nimmt auf dem Parteitag in Denver offiziell die Nominierung zum Kandidaten der Demokraten an; er hat die Chance, als erster Afroamerikaner Präsident der USA zu werden

Weiterführende Literatur

BELZ, Christian: Logbuch Direktmarketing - vom Mailing zum Dialog-Marketing. Ueberreuter: Wien, 2003.

BERNSTEIN, Carl: Hillary Clinton. Die Macht einer Frau. Droemer/Knaur: München, 2008.

CROLE, Barbara et al.: Erfolgreiches Fundraising - auch für kleine Organisationen. Orell Füssli: Zürich, 2003.

DALLMER, Heinz: Direct Marketing & More. Das Handbuch. 8. Auflage. Gabler: Wiesbaden, 2002.

DEUTSCHE FUNDRAISING COMPANY (Hg.): Fundraising. Handbuch für Grundlagen, Strategien, Methoden. 4. Auflage. Gabler: Wiesbaden, 2008.

DOUGHERTY, Steve: Barack Obama. Eine Biografie in Bildern. Komet: Köln, 2008

FRANK, Thomas: What's the Matter with Kansas? How Conservatives Won the Heart of America. Henry Holt: New York, 2004.

GREEN, Donald P./ GERBER, Alan S.: Get Out the Vote! How to Increase Voter Turnout. B&T: Washington D.C., 2004

GLADWELL; Malcolm: The Tipping Point. How Little Things Can Make a Big Difference. Back Bay: New York, Boston, 2000.

GÜNTHER, Markus: Barack Obama. Amerikas neue Hoffnung. 2. Auflage. Wißner: Augsburg, 2007.

HEIDEKING, Jürgen/ MAUCH, Christoph: Geschichte der USA. 6. Auflage. UTB: Stuttgart, 2008.

HERBST, Dieter: Praxishandbuch Markenführung. Cornelsen: Berlin, 2005.

HOLLAND, Heinrich: Direktmarketing. 2. Auflage. Vahlen: München, 2004.

HOWE, Jeff: Crowdsourcing. Why the Power of the Crowd is Driving the Future of Business. Crown: New York, 2008.

HÜBNER, Emil/ MÜNCH, Ursula: Das politische System der USA. Eine Einführung. 6. Auflage. Beck: München, 2007.

KELLER, Edward/ BERRY, Jonathan: The Influentials. One American in Ten Tells the Other Nine How to Vote, Where to Eat, and What to Buy. Free Press: Glencoe, 2003.

KREYHER, Volker J. (Hg.): Handbuch Politisches Marketing. Impulse und Strategien für Politik, Wirtschaft und Gesellschaft. Nomos: Baden-Baden, 2004.

LANGNER, Sascha: Virales Marketing. Wie Sie Mundpropaganda gezielt auslösen und Gewinn bringend nutzen. 2. Auflage. Gabler: Wiesbaden, 2007.

LÖSCHE, Peter et al. (Hg.): Länderbericht USA. Politik, Wirtschaft, Gesellschaft, Kultur. 4. Auflage. bpb: Bonn, 2005.

MARSCHALL, Christoph von: Barack Obama. Der schwarze Kennedy. Orell Füssli: Zürich, 2007.

MENDELL, David: Obama. From Promise to Power. HarperCollins: New York, 2007.

MICHELETTI, Michele: Politics, Products, and Markets: Exploring Political Consumerism Past and Present. Transaction Publishers: Piscataway, 2003.

MORRIS, Dick: Behind the Oval Office. Getting Reelected Against All Odds. Renaissance Books: Riverside, 1998.

PLASSER, Fritz/ FILZMAIER, Peter: Politik auf amerikanisch. Wahlen und politischer Wettbewerb in den USA. Manz'sche Verlags- und Universitätsbuchhandlung: Innsbruck, 2005.

OBAMA, Barack: Dreams from My Father. A Story of Race and Inheritance. Three Rivers Press: New York, 1995.

OBAMA, Barack: Hoffnung wagen. Gedanken zur Rückbesinnung auf den American Dream. Riemann: München, 2008.

PLEHWE, Kerstin: Das Pinocchio-Paradox. Warum Glaubwürdigkeit zu wirtschaftlichem Erfolg führt. Murmann: Hamburg, 2008.

PLEHWE, Kerstin: Mit Dialogmarketing zum Wahlerfolg. Helios Media: Berlin, 2005.

POPKIN, Samuel L.: The Reasoning Voter. Communication and Persuasion in Presidential Campaigns. 2. Auflage. University of Chicago Press: Chicago, London, 1994.

SPÖRL, Gerhard/ HUJER, Marc: Die wiedervereinigten Staaten von Amerika. Scherz: Frankfurt a.M., 2008

SUROWIECKI, James: The Wisdom of Crowds. Anchor: New York, 2005.

THURBER, James A./ NELSON, Candice J.: Campaigns and Elections American Style. Westview: Boulder, 2004.

TRIPPI, Joe: The Revolution Will Not Be Televised: Democracy, the Internet, and the Overthrow of Everything. HarperCollins: New York, 2004.

WESTEN, Drew: The Political Brain. The Role of Emotion in Deciding the Fate of the Nation. Preseus: New York, 2008.

Online-Ressourcen

Empfehlungen

www.opensecrets.org
Die Seite des Center for Responsive Politics wertet die unübersichtlichen Berichte der Federal Election Commission über die Finanzen der Kandidaten aus und macht sie auch für Laien leicht zugänglich.

www.techpresident.com
Experten-Blog zum Einsatz des Internets im amerikanischen Präsidentschaftswahlkampf, der neben Beiträgen zu den neuesten Entwicklungen auch Datenbanken und Zahlen rund um den Online-Wahlkampf bietet.

www.campaignline.com
Website des Branchenblatts Campaigns & Elections, auf der die wichtigsten Trends besprochen und fachmännisch kommentiert werden.

Blogs

http://blog.prodialog.org/
Das US-Wahlkampf-Blog der Initiative ProDialog.

www.huffingtonpost.com/
Einflussreichstes US-Politik-Blog

www.dailykos.com/
Größtes Blog (-netzwerk) der Demokraten

www.redstate.com
Konservatives Blog, das auch eine umfangreiche Linkliste zu weiteren konservativen Seiten bereitstellt.

www.bluestatedigital.com
Seite der Firma Blue State Digital, die Barack Obamas Internetauftritt
konzipiert hat.

www.actblue.com
Internetportal des Political Action Committee ActBlue, das Web 2.0-Anwendungen nutzt, um das Fundraising im Internet zu demokratisieren.

Die Kandidaten

Barack Obama

www.barackobama.com
Der klassische Internetauftritt

my.barackobama.com
Die eigene Online-Community

m.barackobama.com
Das Portal für mobile Dienste

www.myspace.com/barackobama
Die MySpace-Seite

Hillary Clinton

www.hillaryclinton.com
Der klassische Internetauftritt

blog.hillaryclinton.com/
Hillarys Blog

www.myspace.com/hillaryclinton2008
Die MySpace-Seite

www.votehillary.org/
Eine von Hillarys Kampagnenseiten

John McCain

www.johnmccain.com/
Der klassische Internetauftritt

http://www.myspace.com/johnmccain
Die MySpace-Seite

http://mccainblogette.com
Blog von Meghan McCain, der Tochter des Präsidentschaftskandidaten

Aktuelle Umfragedaten, Studien, Hintergründe

http://elections.nytimes.com/2008/index.html
Die Überblicksseite der New York Times zur Wahl

http://projects.washingtonpost.com/2008-presidential-candidates/?nid=roll_08campaign
Die Überblicksseite der Washington Post zur Wahl

http://edition.cnn.com/ELECTION/2008/
Die Seite des CNN Election Centers

www.people-press.org/
Seite des PEW Research Centers for the People and the Press. Bietet reichhaltige Umfrageergebnisse, Studien und Daten, die sich jedoch nicht nur auf den Wahlkampf beziehen.

www.ipdi.org
Seite des Institute for Politics, Democracy & the Internet. Bietet aktuelle Studien zum Direkt- und Dialogmarketing in US-Wahlkämpfen, insbesondere zum Thema Web 2.0.

www.fec.gov
Internetauftritt der Federal Election Commission (FEC). Die FEC ist als Regulierungsbehörde zuständig für das Thema Wahlkampffinanzierung. Bei ihr müssen Kandidaten, Parteien und Political Action Committees regelmäßig ihre Einnahmen und Ausgaben veröffentlichen.

http://youtube.com
Videoportal

http://moveon.org
Onlineauftritt der Grassroots-Organisation MoveOn.org, die aus einer links-progressiven Perspektive die US-Politik betrachtet.

Glossar

Benchmark Poll
Etwa 20-minütige Telefonumfrage, die zu Beginn des Wahlkampfs durchgeführt wird. Eine repräsentative Stichprobe der Wählerschaft wird zu potenziell relevanten Themen befragt, um darauf aufbauend eine Kampagnenstrategie zu entwickeln bzw. zu verfeinern.

Branding
Bezeichnet den Aufbau und Einsatz von Marken. Es dient Unternehmen zur Profilbildung und damit zur Wertsteigerung.

Constituent-Relationship-Management (CRM)
Basiert auf dem Konzept des Customer-Relation-Managements. Bezieht sich jedoch nicht auf die Kunden eines Unternehmens, sondern auf den Wähler (engl. constituent) eines Kandidaten bzw. einer Partei. Ziel ist es, den Dialog mit den Wählern zu organisieren sowie die Beziehung aufzubauen und zu festigen.

Content-Management-Systeme (CMS)
Software, die das Erstellen und Bearbeiten von Inhalten im World Wide Web ermöglicht und organisiert. CMS ermöglichen es dem User, Webseiten ohne spezielle Programmier- oder HTML-Kenntnisse zu bedienen.

Customer-Relationship-Management-Systeme
In derartigen Systemen können alle anfallenden Kundendaten erfasst, gepflegt und genutzt werden. Sie ermöglichen das Nachvollziehen des kompletten Kommunikationsablaufs mit dem Kunden – vom ersten Kontakt bis zum Verkauf.

Data Integration
Integration aller im Rahmen des Wahlkampfs oder anderer Aktionen gesammelten Daten über Wähler und Unterstützer in zentralen Datenbanken.

Dialogmarketing

Ziel ist es, über alle Kommunikationswege einen vertrauensfördernden Dialog zwischen den Beteiligten aufzubauen.

Direktmarketing

Die direkte Ansprache von Kunden oder Wählern per Brief, Telefon, Hausbesuch oder E-Mail. Ziel ist es, einen Empfänger so persönlich wie möglich zu erreichen, so dass dieser auf die Werbebotschaft reagiert.

Direct Mail

Der klassische Brief bzw. die Postkarte.

Door-to-Door Canvassing

Wählermobilisierung oder Spenden-Sammeln im Rahmen von Hausbesuchen. Hierzu werden sowohl Freiwillige als auch bezahlte Kampagnenmitarbeiter eingesetzt.

Flat tax

Einstufiger, für alle Steuerzahler gleich hoher Steuersatz.

Field Director

Der Field Director stellt die Management-Schnittstelle zwischen der zentralen Wahlkampforganisation und der einzelstaatlichen und lokalen Ebene dar.

Grassroots Campaigning

Form des Basiswahlkampfes, die auf die direkte Ansprache von Menschen setzt. Die Organisation dieser Kampagnen erfolgt von „unten" und ist stark auf die Mitarbeit der Helfer und Freiwilligen vor Ort angewiesen.

Influentials

Meinungsführer, die ihr persönliches Umfeld mit Ideen und Überzeugungen nachhaltig prägen. Merkmale eines Influentials sind seine (politische) Informiertheit; seine Bereitschaft, dezidierte Meinungen zu haben und Rat zu geben; große Freundes- und Bekanntenkreise zu besitzen und gesellschaftliche Trends frühzeitig zu erkennen.

Integrated Campaigning
Kombination verschiedener aufeinander abgestimmter Instrumente der direkten Ansprache, besonders die Verzahnung von Online- und Offline-Aktivitäten.

Love Marks
Marken wie Apple, Moleskine oder Harley-Davidson, die darauf abzielen, tiefgehende emotionale Loyalitäten bei ihren Konsumenten zu schaffen. Lovemarks zeichnen sich durch die Konstruktion von Mystik, Sinnlichkeit und Intimität aus. Sie verlangen mehr als den Respekt des Kunden, sondern dessen liebevolle Zuneigung.

Microtargeting
Kampagnen sammeln Kontaktdaten und Lebensstil-Informationen über ihre Zielgruppen und werten diese mit mathematisch-statistischen Verfahren aus. Diese Daten ermöglichen die passgenaue Ansprache von Kunden und Wählern mit individualisierten Botschaften.

MyBo (www.my.barackobama.com)
Herzstück des Internetportals Barack Obamas. Es verknüpft die Unterstützer der Kampagne, die auf MyBo eigene Profile anlegen können. Das Volunteer Action Center ermöglicht es Usern, für Barack Obama online und offline aktiv zu werden.

Phonebank
Technische Einrichtung, die es Kampagnenunterstützern erlaubt – basierend auf sog. call scripts – Anrufe für einen Kandidaten zu tätigen. Dies kann entweder zentral (z. B. in Wahlkampfbüros) oder dezentral (organisiert über Internet) erfolgen.

Precinct Captain
Vergleichbar mit dem Field Director, arbeitet jedoch auf lokaler Ebene und auf freiwilliger Basis.

Spin-Doctoring
Die Manipulation der Darstellung von Personen und Ereignissen in den Medien durch PR-Fachleute zugunsten ihrer Auftraggeber.

Targeting

Adressgenaue Zielgruppenbestimmung mit der eine gesteuerte und individualisierte Ansprache der Wähler möglich wird.

Twitter

Web 2.0-Instrument, mit dem man mittels kurzer Online-Nachrichten und SMS Freunde auf dem Laufenden halten kann.

User Generated Content

Von Internetnutzern selbst kreierte und eingestellte Inhalte auf Blogs, in Foren, auf Wikipedia oder auf Video- und Fotocommunitys wie YouTube und flickr.

Virales Marketing

Eine Marketingform, die soziale Netzwerke und soziale Medien ausnutzt, um Aufmerksamkeit auf Marken, Produkte oder Kampagnen zu lenken, indem sich Nachrichten epidemisch - wie ein Virus - ausbreiten.

Web 2.0

Das Web 2.0 lässt sich am Besten mit dem Schlagwort „Mitmachnetz" beschreiben. Der Nutzer kann ohne technisches Vorwissen eigene Beiträge publizieren, Beiträge anderer kommentieren oder sich virtuell vernetzen. So entsteht eine webbasierte „Architektur der Partizipation".

Weblog

Auf einer Webseite geführtes, öffentlich einsehbares Tagebuch oder Journal.

Word-of-Mouth-Marketing

Renaissance der alten Mund-zu-Mund-Propaganda. Aufgabe ist es, Botschaften gezielt über Meinungsführer in soziale Netzwerke hineinzutragen. Das persönliche Gespräch zwischen Freunden, Nachbarn oder Kollegen ist eine der glaubwürdigsten Formen der Kommunikation.

Yard Sign

Wahlkampfschild oder Plakat, das im Vorgarten aufgestellt werden kann.

Danksagung

*Ein Buch ist immer Teamwork, und viele Menschen leisten ihren Beitrag
zum Gelingen. Allen direkt und indirekt Beteiligten zu danken, wird schon aus
Platzgründen nicht gelingen.*

*Besonders danken möchte ich aber den amerikanischen Wahlkampfteams
und -beratern, Marktforschern und Agenturkollegen, die uns teilhaben ließen
und sich auch während der heißen Phase des Vorwahlkampfes Zeit genommen
haben, um uns aus erster Hand von ihren jeweiligen Kampagnenaktivitäten
und Strategien zu berichten. Ihre Offenheit und ihr Vertrauen waren nicht nur
ein Geschenk, sondern auch ein Vorbild an Kollegialität und gegenseitiger
Inspiration. Thank you Andreas, Anna, Chris, Dave, Ed, Harold, Jerome, Joe,
Joel, Michael, Mike, Mark, Roger, Steven, Todd, Tom, Thomas and Zack!*

*Der zweite Dank gebührt meinem engagierten und niemals müde werdenden
Co-Autor Maik Bohne. Als Doktorand an der Georg August Universität
Göttingen und intensiver Beobachter des US-Wahlkampfes ist er ein
ausgewiesener Kenner des amerikanischen Politbetriebes. Deswegen war es mir
nicht nur eine Freude, viele der Interviews zu diesem Buch mit ihm gemeinsam
zu führen, sondern auch die Praxiserfahrung aus der Beratung immer wieder
mit seinem wissenschaftlichen Hintergrund, seiner Expertise und seinen
Einschätzungen abgleichen zu können.*

*Der dritte Dank gilt Peter Radunski, der sich sofort bereit erklärt hat, seine
langjährigen politischen Erfahrungen in dieses Buch einzubringen.*

*Auch Heinz-Hermann Herbers und Reinhard Pranke sowie dem ProDialog-
Beirat danke ich für ihre kontinuierliche Unterstützung und ihr Vertrauen, das
mich immer wieder motiviert hat, den langen Weg von der Idee bis zur Umsetzung dieses Buches zu Ende zu gehen.*

*Zudem danke ich meinen engagierten Mitarbeitern, ob in Hamburg oder
Berlin, für die unzähligen Recherchen, das geduldige Lektorat und ihre vielen
Anregungen im Sinne des Lesers.*

Die Autoren

Kerstin Plehwe ist Vorsitzende der Initiative ProDialog und Beraterin für Führungskräfte aus Politik und Wirtschaft.

Die Kommunikationsexpertin und Autorin ist eine gefragte nationale und internationale Rednerin. In ihren Vorträgen behandelt sie die Themen Kommunikation, Strategie und Leadership unter den veränderten Bedingungen des 21. Jahrhunderts.

Die ehemalige Präsidentin des Deutschen Dialogmarketingverbandes und Gründerin des Internationalen Instituts für Politik und Gesellschaft gilt als renommierte Protagonistin einer neuen, authentischen Gestaltung von werblicher und politischer Kommunikation sowie verantwortungsvollem unternehmerischem Handeln.

Die langjährige Unternehmerin publiziert regelmäßig in führenden Fachzeitschriften und veröffentlichte zahlreiche Bücher, u.a. „Das Pinocchio-Paradox - Warum Glaubwürdigkeit zu wirtschaftlichem Erfolg führt" (Murmann Verlag) sowie „Die Kampagnenmacher" (Helios Media). Seit 2007 moderiert sie die Sendung „Politik konkret - Das Politik Magazin" beim Hauptstadtsender TV Berlin.

Kerstin Plehwe engagiert sich für zahlreiche gemeinnützige Organisationen und lebt in Hamburg und Berlin. Im Rahmen ihrer Aufgaben für die überparteiliche Initiative ProDialog in Berlin setzt sie sich für die Stärkung des Dialoges zwischen Staat und Bürger ein.

Maik Bohne ist Doktorand der Politikwissenschaft an der Georg-August-Universität Göttingen. Seit Jahren forscht er über neue Strategien und Methoden in US-amerikanischen Wahlkämpfen. Forschungsaufenthalte führten ihn u.a. an die University of California, Irvine und an das Center for Congressional and Presidential Studies der American University in Washington D.C. Zurzeit beendet er die Arbeit an seiner Dissertation „Parteinetzwerke in US-amerikanischen Wahlkämpfen."

Mit Dialogmarketing zum Wahlerfolg
Kerstin Plehwe (Hrsg.)

Erscheinungsjahr: 2005
Verlag: Helios Media GmbH, Berlin
ISBN: 3-9810024-1-5

Wie ist eine gezielte und erfolgreiche Wähleransprache in Zeiten von Informationsüberflutung möglich? Der gesellschaftliche und mediale Wandel erfordert auch in der Politik neue Kommunikationswege.

Der Praxisleitfaden „Mit Dialogmarketing zum Wahlerfolg" analysiert die Relevanz des Dialogmarketings als Kommunikationsmittel speziell für Parteien und Organisationen. Neben einem Gesamtüberblick über die einzelnen Formen finden Fragen der Mobilisierung, des Fundraising und der Mitgliederbindung besondere Beachtung.

Endstation Misstrauen?
Einsichten und Aussichten für Politik und
Gesellschaft
Kerstin Plehwe (Hrsg.)

Erscheinungsdatum: 2006
Verlag: Helios Media GmbH, Berlin
ISBN: 3-9811316-1-4

Skepsis und Misstrauen prägen zunehmend das
Verhältnis zwischen Bürgern und Politikern.
Dies spiegelt sich oft in den Medien unter dem
Stichwort „Politikverdrossenheit" wieder. Konkrete
Lösungsansätze fehlen aber noch oftmals.

Klar ist aber: Es besteht ein akuter Handlungsbe-
darf, verloren gegangenes Vertrauen durch
einen verstärkten Dialog zwischen Politikern und
Bürgern wieder aufzubauen.

Der Sammelband Endstation Misstrauen? Einsichten und Aussichten für Politik und Gesellschaft
beleuchtet die Ursachen des Vertrauensverlustes
gegenüber Politikern und Parteien aus den unterschiedlichen Blickwinkeln von Politik, Wirtschaft,
Wissenschaft und Gesellschaft.

Die Autoren sowie die Herausgeberin Kerstin
Plehwe, die Vorsitzende der Initiative ProDialog,
präsentieren eine vielschichtige Analyse, die viele
Lösungsansätze und Anregungen für einen neuen
gesellschaftlichen Dialog enthält.

Die Kampagnenmacher
Kerstin Plehwe (Hrsg.)

Erscheinungsjahr: 2007
Verlag: Helios Media GmbH, Berlin
ISBN: 3-98113-165-7

An Hand von internationalen Best-Practice-Beispielen werden die Strategien und Instrumente erfolgreicher Kampagnen aus Politik, Wirtschaft und Zivilgesellschaft aufgezeigt.

Das Buch gibt Kommunikationsverantwortlichen und interessierten Lesern Einblicke in erfolgreiche Kampagnenführung und soll dazu ermutigen, neue Wege in der Kommunikation anzuwenden.

„Die Kampagnenmacher" zeigt die massiven gesellschaftlichen und medialen Veränderungen sowie die daraus resultierenden Konsequenzen für erfolgreiche Kommunikation auf. Dabei gewährt das Buch wertvolle Einblicke hinter die Kulissen, u. a. in Kampagnen des Bundesministeriums für Umwelt, Naturschutz und Reaktorsicherheit, Greenpeace, des Niederländischen Gesundheitsministeriums, der Österreichischen Volkspartei sowie der Firma Unilever.

Im Ergebnis wird deutlich, dass sich die Grundlagen effektiver Kampagnenführung verändert haben und es sowohl neuer Wege als auch veränderter Strategien bedarf, um Menschen nachhaltig zu erreichen.